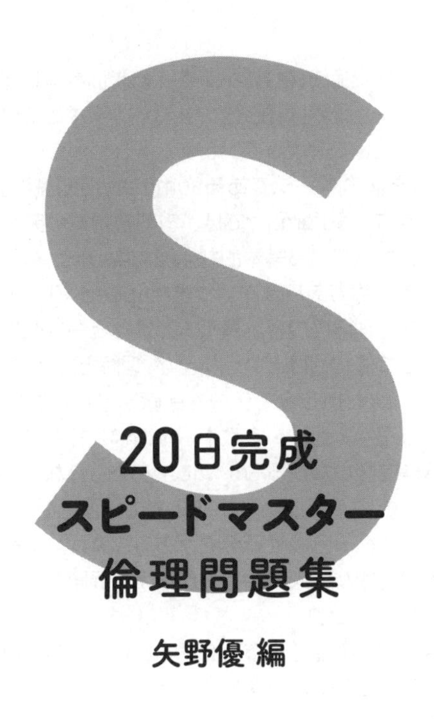

20日完成
スピードマスター
倫理問題集

矢野優 編

山川出版社

本書の目的と使用法

本書は大きく２つの柱で構成されています。前半は学習指導要領に従った知識の整理と確認を中心としており、後半は「倫理」の学習が本来求めている人間と社会についての課題を12のテーマ問題として設定しています。

まず、前半は知識整理のページであるSummaryと知識確認のページであるSpeed Checkにわかれています。Summaryでは、教科書掲載の頻度が高く、また大学入学共通テストでもよく出題されている基本的な用語を中心に、各思想や理論が簡潔に理解できるように有機的にまとめてあります。つぎにSpeed Checkでは、たんなる用語の確認だけではなく、思想や理論の内容・背景・影響なども同時に理解できるような文章表現を心掛けました。これは「倫理」という科目が、理解と思考を重視する科目だからです。

さらに、後半はAttackという名でテーマ問題を設定しました。それはまず、「倫理」の教科書の記述が、心理学・哲学・宗教学・倫理学・社会学などの多くの分野から成り立ち、同じような課題を扱いながらも１つにまとめられないため、本書でまとめてみようとしたためです。つぎに、〈人間としてのあり方・生き方〉を扱う「倫理」は、知識を断片的にではなく、有効に組み合わせる必要があると考えたためです。そして、何よりも大学入学共通テストの問題が、人間や社会が抱える問題をテーマとして出題されているという現実をふまえたからです。

このように本書は、知識の整理と応用を基本として、約３週間ほどで「倫理」の知識の整理ができるように工夫されていますので、十分に活用してください。

2023年11月

編　者

Summary	❶表や年表で体系的な理解をたすけます。 ❷赤色ゴシック・黒色ゴシックで重要用語もわかりやすくなっています。
Speed Check	❸Summaryと同じ構成で効率的に学習ができます。 ❹チェックボックスでふりかえり学習もスムーズにおこなえます。
別冊解答	❺チェックボックスつきで復習をしやすくしています。 ❻縦に並べることで、答え合わせもしやすくしています。

本書の特色

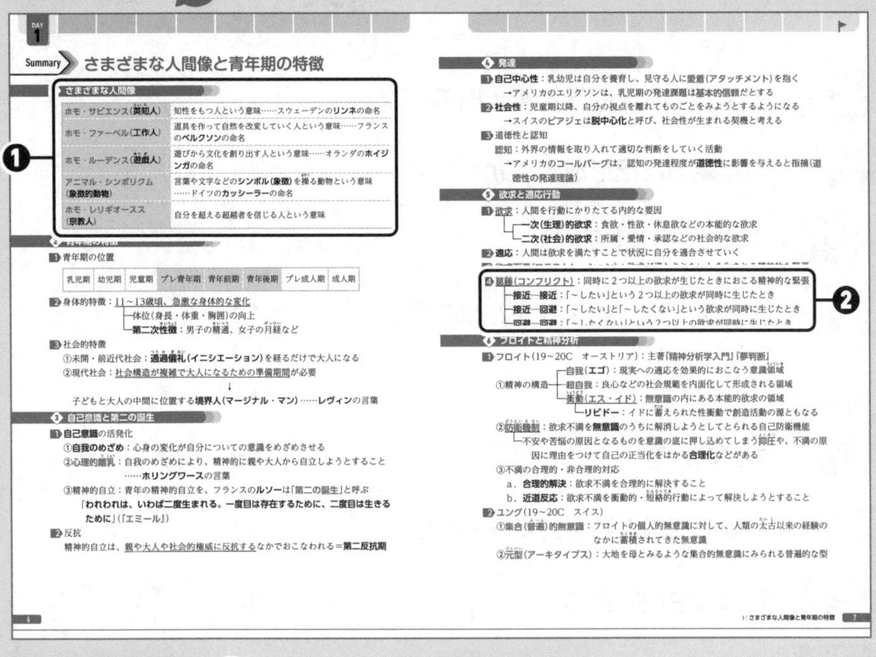

DAY 1

Summary さまざまな人間像と青年期の特徴

❶

さまざまな人間像

ホモ・サピエンス(英知人)	知性をもつ人という意味……スウェーデンの**リンネ**の命名
ホモ・ファーベル(工作人)	道具を作って自然を改変していく人という意味……フランスの**ベルクソン**の命名
ホモ・ルーデンス(遊戯人)	遊びから文化を創り出す人という意味……オランダの**ホイジンガ**の命名
アニマル・シンボリクム(象徴的動物)	言葉や文字などの**シンボル(象徴)**を操る動物という意味……ドイツの**カッシーラー**の命名
ホモ・レリギオースス(宗教人)	自分を超える超越者を信じる人という意味

❷ 青年期の特徴

1 青年期の位置

乳児期	幼児期	児童期	プレ青年期	青年前期	青年後期	プレ成人期	成人期

2 身体的特徴：11～13歳頃、急激な身体的な変化
- 体位(身長・体重・胸囲)の向上
- **第二次性徴**：男子の精通、女子の月経など

3 社会的特徴
①未開・前近代社会：**通過儀礼(イニシエーション)**を経るだけで大人になる
②現代社会：社会構造が複雑で大人になるための準備期間が必要
↓
子どもと大人の中間に位置する**境界人(マージナル・マン)**……**レヴィン**の言葉

❸ 自己意識と第二の誕生

1 **自己意識**の活発化
①**自我のめざめ**：心身の変化が自分についての意識をめざめさせる
②**心理的離乳**：自我のめざめにより、精神的に親や大人から自立しようとすること……**ホリングワース**の言葉
③精神的自立：青年の精神的自立を、フランスの**ルソー**は「**第二の誕生**」と呼ぶ
「**われわれは、いわば二度生まれる。一度目は存在するために、二度目は生きるために**」(『エミール』)

2 反抗
精神的自立は、親や大人や社会的権威に反抗するなかでおこなわれる＝**第二反抗期**

6

❹ 発達

1 **自己中心性**：乳幼児は自分を養育し、見守る人に愛着(アタッチメント)を抱く
→アメリカのエリクソンは、乳児期の発達課題は基本的信頼だとする

2 **社会性**：児童期以降、自分の視点を離れてものごとをみようとするようになる
→スイスのピアジェは**脱中心化**と呼び、社会性が生まれる契機と考える

3 道徳性と認知
認知：外界の情報を取り入れて適切な判断をしていく活動
→アメリカのコールバーグは、認知の発達程度が**道徳性**に影響を与えると指摘(道徳性の発達理論)

❺ 欲求と適応行動

1 欲求：人間を行動にかりたてる内的な要因
- **一次(生理)的欲求**：食欲・性欲・休息欲などの本能的な欲求
- **二次(社会)的欲求**：所属・愛情・承認などの社会的な欲求

2 **適応**：人間は欲求を満たすことで状況に自分を適合させていく

4 葛藤(コンフリクト)：同時に2つ以上の欲求が生じたときにおこる精神的な緊張
- **接近―接近**：「～したい」という2つ以上の欲求が同時に生じたとき
- **接近―回避**：「～したい」と「～したくない」という欲求が同時に生じたとき
- **回避―回避**：「～したくない」という2つ以上の欲求が同時に生じたとき

❷

❻ フロイトと精神分析

1 フロイト(19～20C　オーストリア)：主著『精神分析学入門』『夢判断』
①精神の構造
- 自我(**エゴ**)：現実への適応を効果的におこなう意識領域
- 超自我：良心などの社会規範を内面化して形成される領域
- 衝動(エス・イド)：無意識の内にある本能的欲求の領域
  - **リビドー**：イドに蓄えられた性衝動で創造活動の源ともなる

②防衛機制：欲求不満を**無意識**のうちに解消しようとしてとられる自己防衛機能
- 不安や苦悩の原因となるものを意識の底に押し込めてしまう抑圧や、不満の原因に理由をつけて自己の正当化をはかる**合理化**などがある

③不満の合理的・非合理的対応
a．**合理的解決**：欲求不満を合理的に解決すること
b．**近道反応**：欲求不満を衝動的・短絡的行動によって解決しようとすること

2 ユング(19～20C　スイス)
①集合(普遍)的無意識：フロイトの個人的無意識に対して、人類の太古以来の経験のなかに蓄積されてきた無意識
②元型(アーキタイプス)：大地を母とみるような集合的無意識にみられる普遍的な型

1 さまざまな人間像と青年期の特徴　7

Speed Check　Output!

❸ ❹

DAY 1

❶ さまざまな人間像

☑ ①人間をどうみるかは各人異なるが、スウェーデンの[1　]は人間をホモ・サピエンスととらえ、オランダのホイジンガは人間を[2　]ととらえた。

☑ ②ドイツの[3　]は、人間が言語などの象徴を用いる点から人間をアニマル・シンボリクムと呼び、フランスのベルクソンは人間を[4　]と呼んだ。

❷ 青年期の特徴

☑ ①11～13歳頃から男子では精通、女子では月経などといった[5　]がみられるようになり、少年・少女は児童期から青年期へと移行していく。

☑ ②青年前期は、子どもでもない大人でもない不安定な状態におかれるが、心理学者レヴィンはこうした状態の青年を[6　]と呼び、日本語では周辺人あるいは[7　]と呼ばれている。

☑ ③前近代社会や未開社会では、子どもは早くから大人社会に混じって生活に必要な知恵を学ぶことができるため、青年は一定の[8　]を経れば大人になれる。

❸ 自己意識と第二の誕生

☑ 青年期は[9　]の活発化によって自分の内面や容姿に強く関心をもつようになるが、とくに[10　]とよばれる、自分がどのような人間であるかということに気づくできごとによって、青年の内面生活が始まる。

☑ 青年は自己に対する意識の高まりによって、それまで依存してきた親や大人から精神的に自立しようとする。この精神的な自立のことを[11　]という。

☑ 青年の精神的自立は、いままでになかった自分を発見したり、新たな自分を生み出したりすることにつながっていく。フランスの思想家[12　]は、こうした青年期のあり方を、「われわれは、いわば二度生まれる。一度目は存在するために、二度目は生きるために」と、その著作『[13　]』のなかで語っているが、それはまさに「[14　]」とでもいうべきできごとなのである。

☑ しかし、青年の自立は平穏なかたちで推移するのではなく、それまで自分を守ってくれた親や大人の保護を管理や拘束ととらえ、それに反発・[15　]というかたちをとることが多い。青年にこうした行動傾向の現れる時期を、とくに[16　]と呼ぶ。

❹ 発達

☑ ①乳幼児が自分を養育し、見守ってくれる人に抱く感情を愛着あるいは[17　]というが、こうした傾向をとらえて、アメリカの心理学者[18　]は、乳児期の発達課題は自己を養育し見守ってくれる人への[19　]だと語っている。

☑ ②また、乳幼児は他者も自分と同じ視点でものごとをみているという[20　]という特性をもっている。

☑ ③ところが児童期になると、自分中心の視点を離れてものごとをみようとするようになるが、この傾向をスイスの心理学者[21　]は、[22　]と呼び、[23　]が育ってくる契機だと考えた。

☑ ④アメリカの心理学者[24　]は、外界の情報を取り入れて適切に判断していく活動である

8

別冊解答

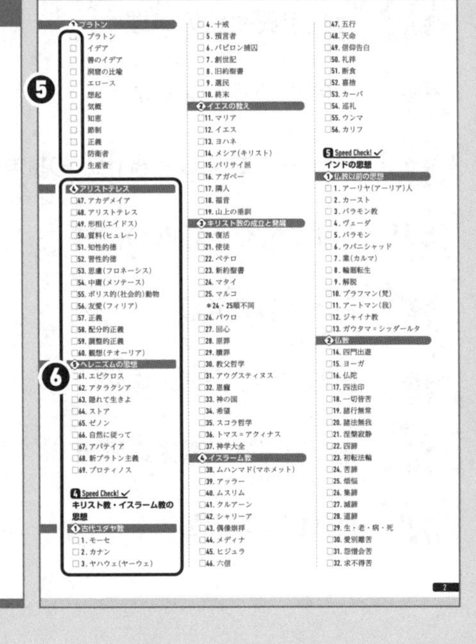

❺ ❻

❶ プラトン
□ プラトン
□ イデア
□ 善のイデア
□ 洞窟の比喩
□ エロース
□ 想起
□ 気概
□ 知恵
□ 節制
□ 正義
□ 防衛者
□ 生産者

❹ アリストテレス
□47. アカデメイア
□48. アリストテレス
□49. 形相(エイドス)
□50. 質料(ヒュレー)
□51. 知性的徳
□52. 習性的徳
□53. 思慮(フロネーシス)
□54. 中庸(メソテース)
□55. ポリス的(社会的)動物
□56. 友愛(フィリア)
□57. 正義
□58. 配分的正義
□59. 調整的正義
□60. 観想(テオーリア)

❺ ヘレニズムの思想
□61. エピクロス
□62. アタラクシア
□63. 隠れて生きよ
□64. ストア
□65. ゼノン
□66. 自然に従って
□67. アパテイア
□68. 新プラトン主義
□69. プロティノス

4 Speed Check! ✓
キリスト教・イスラーム教の思想

❶ 古代ユダヤ教
□1. モーセ
□2. カナン
□3. ヤハウェ(ヤーウェ)
□4. 十戒
□5. 預言者
□6. バビロン捕囚
□7. 創世記
□8. 旧約聖書
□9. 選民
□10. 終末

❷ イエスの教え
□11. マリア
□12. イエス
□13. ヨハネ
□14. メシア(キリスト)
□15. パリサイ派
□16. アガペー
□17. 隣人
□18. 福音
□19. 山上の垂訓

❸ キリスト教の成立と発展
□20. 復活
□21. 使徒
□22. ペテロ
□23. 新約聖書
□24. マタイ
□25. マルコ
＊24・25順不同
□26. パウロ
□27. 回心
□28. 原罪
□29. 贖罪
□30. 教父哲学
□31. アウグスティヌス
□32. 恩寵
□33. 神の国
□34. 希望
□35. スコラ哲学
□36. トマス＝アクィナス
□37. 神学大全

❹ イスラーム教
□38. ムハンマド(マホメット)
□39. アッラー
□40. ムスリム
□41. クルアーン
□42. シャリーア
□43. 偶像崇拝
□44. メディナ
□45. ヒジュラ
□46. 六信
□47. 五行
□48. 天命
□49. 信仰告白
□50. 礼拝
□51. 断食
□52. 喜捨
□53. カーバ
□54. 巡礼
□55. ウンマ
□56. カリフ

5 Speed Check! ✓
インドの思想

❶ 仏教以前の思想
□1. アーリヤ(アーリア)人
□2. カースト
□3. バラモン教
□4. ヴェーダ
□5. バラモン
□6. ウパニシャッド
□7. 業(カルマ)
□8. 輪廻転生
□9. 解脱
□10. ブラフマン(梵)
□11. アートマン(我)
□12. ジャイナ教
□13. ガウタマ＝シッダールタ

❷ 仏教
□14. 四門出遊
□15. ヨーガ
□16. 仏陀
□17. 四法印
□18. 一切皆苦
□19. 諸行無常
□20. 諸法無我
□21. 涅槃寂静
□22. 四諦
□23. 初転法輪
□24. 苦諦
□25. 煩悩
□26. 集諦
□27. 滅諦
□28. 道諦
□29. 生・老・病・死
□30. 愛別離苦
□31. 怨憎会苦
□32. 求不得苦

2

目　次

Summary さまざまな人間像と青年期の特徴

① さまざまな人間像

ホモ・サピエンス(**英知人**)	知性をもつ人という意味……スウェーデンの**リンネ**の命名
ホモ・ファーベル(**工作人**)	道具を作って自然を改変していく人という意味……フランスの**ベルクソン**の命名
ホモ・ルーデンス(**遊戯人**)	遊びから文化を創り出す人という意味……オランダの**ホイジンガ**の命名
アニマル・シンボリクム(**象徴的動物**)	言葉や文字などの**シンボル(象徴)**を操る動物という意味……ドイツの**カッシーラー**の命名
ホモ・レリギオースス(**宗教人**)	自分を超える超越者を信じる人という意味

② 青年期の特徴

1 青年期の位置

乳児期	幼児期	児童期	プレ青年期	青年前期	青年後期	プレ成人期	成人期

2 身体的特徴：11～13歳頃、急激な身体的な変化
- 体位(身長・体重・胸囲)の向上
- **第二次性徴**：男子の精通、女子の月経など

3 社会的特徴
①未開・前近代社会：**通過儀礼(イニシエーション)**を経るだけで大人になる
②現代社会：社会構造が複雑で大人になるための準備期間が必要
↓
子どもと大人の中間に位置する**境界人(マージナル・マン)**……**レヴィン**の言葉

③ 自己意識と第二の誕生

1 **自己意識**の活発化
①**自我のめざめ**：心身の変化が自分についての意識をめざめさせる
②**心理的離乳**：自我のめざめにより、精神的に親や大人から自立しようとすること
……**ホリングワース**の言葉
③精神的自立：青年の精神的自立を、フランスの**ルソー**は「**第二の誕生**」と呼ぶ
「**われわれは、いわば二度生まれる。一度目は存在するために、二度目は生きるために**」(『**エミール**』)

2 反抗
精神的自立は、親や大人や社会的権威に反抗するなかでおこなわれる＝**第二反抗期**

4 発達

1 自己中心性：乳幼児は自分を養育し、見守る人に**愛着(アタッチメント)**をいだく

→アメリカのエリクソンは、乳児期の発達課題は**基本的信頼**だとする

2 社会性：児童期以降、自分の視点を離れてものごとをみようとするようになる

→スイスの**ピアジェ**は**脱中心化**と呼び、社会性が生まれる契機と考える

3 道徳性と認知

認知：外界の情報を取り入れて適切な判断をしていく活動

→アメリカの**コールバーグ**は、認知の発達程度が**道徳性**に影響を与えると指摘(**道徳性の発達理論**)

5 欲求と適応行動

1 欲求：人間を行動にかりたてる内的な要因

- **一次(生理)的欲求**：食欲・性欲・休息欲などの本能的な欲求
- **二次(社会)的欲求**：所属・愛情・承認などの社会的な欲求

2 適応：人間は欲求を満たすことで状況に自分を適合させていく

3 欲求不満(フラストレーション)：欲求が満たされないとき生まれる精神的な緊張

4 葛藤(かっとう)(コンフリクト)：同時に２つ以上の欲求が生じたときにおこる精神的な緊張

- **接近―接近**：「～したい」という２つ以上の欲求が同時に生じたとき
- **接近―回避**：「～したい」と「～したくない」という欲求が同時に生じたとき
- **回避―回避**：「～したくない」という２つ以上の欲求が同時に生じたとき

6 フロイトと精神分析

1 フロイト(19～20C　オーストリア)：主著『**精神分析学入門**』『**夢判断**』

①精神の構造
- **自我(エゴ)**：現実への適応を効果的におこなう意識領域(りょういき)
- **超自我**：良心などの社会規範を内面化して形成される領域
- **衝動(しょうどう)(エス・イド)**：**無意識**の内にある本能的欲求の領域
  - **リビドー**：イドに蓄(たくわ)えられた性衝動で創造活動の源ともなる

②**防衛機制(ぼうえいきせい)**：欲求不満を**無意識**のうちに解消しようとしてとられる自己防衛機能

- 不安や苦悩の原因となるものを意識の底に押し込めてしまう**抑圧(よくあつ)**や、不満の原因に理由をつけて自己の正当化をはかる**合理化**などがある

③不満の合理的・非合理的対応

a．**合理的解決**：欲求不満を合理的に解決すること

b．**近道反応**：欲求不満を衝動的・短絡的(たんらくてき)行動によって解決しようとすること

2 ユング(19～20C　スイス)

①**集合(普遍(ふへん))的無意識**：フロイトの個人的無意識に対して、人類の太古(たいこ)以来の経験のなかに蓄積(ちくせき)されてきた無意識

②**元型(げんけい)(アーキタイプス)**：大地を母とみるような集合的無意識にみられる普遍的な型

Speed Check! さまざまな人間像と青年期の特徴

❶ さまざまな人間像

☐ ①人間をどうみるかは各人異なるが、スウェーデンの〔1　〕は人間をホモ・サピエンスととらえ、オランダのホイジンガは人間を〔2　〕ととらえた。

☐ ②ドイツの〔3　〕は、人間が言語などの象徴を用いる点から人間をアニマル・シンボリクムと呼び、フランスのベルクソンは人間を〔4　〕と呼んだ。

❷ 青年期の特徴

☐ ①11～13歳頃から男子では精通、女子では月経などといった〔5　〕がみられるようになり、少年・少女は児童期から青年期へと移行していく。

☐ ②青年前期は、子どもでもない大人でもない不安定な状態におかれるが、心理学者レヴィンはこうした状態の青年を〔6　〕と呼び、日本語では周辺人あるいは〔7　〕と呼ばれている。

☐ ③前近代社会や未開社会では、子どもは早くから大人社会に混じって生活に必要な知恵を学ぶことができるため、青年は一定の〔8　〕を経れば大人になれる。

❸ 自己意識と第二の誕生

☐ ①青年期は〔9　〕の活発化によって自分の内面や容姿に強く関心をもつようになるが、とくに〔10　〕と呼ばれる、自分がどのような人間であるかということに気づくできごとによって、青年の内面生活が始まる。

☐ ②青年は自己に対する意識の高まりによって、それまで依存してきた親や大人から精神的に自立しようとする。この精神的な自立のことを〔11　〕という。

☐ ③青年の精神的自立は、いままでになかった自分を発見したり、新たな自分を生み出したりすることにつながっていく。フランスの思想家〔12　〕は、こうした青年期のあり方を、「われわれは、いわば二度生まれる。一度目は存在するために、二度目は生きるために」と、その著作『〔13　〕』のなかで語っているが、それはまさに「〔14　〕」とでもいうべきできごとなのである。

☐ ④しかし、青年の自立は平穏なかたちで推移するのではなく、それまで自分を守ってくれた親や大人の保護を管理や拘束ととらえ、それに反発・〔15　〕というかたちをとることが多い。青年にこうした行動傾向の現れる時期を、とくに〔16　〕と呼ぶ。

❹ 発達

☐ ①乳幼児が自分を養育し、見守ってくれる人にいだく感情を愛着あるいは〔17　〕というが、こうした傾向をとらえて、アメリカの心理学者〔18　〕は、乳児期の発達課題は自己を養育し見守ってくれる人への〔19　〕だと語っている。

☐ ②また、乳幼児は他者も自分と同じ視点でものごとをみているという〔20　〕という特性をもっている。

☐ ③ところが児童期になると、自分中心の視点を離れてものごとをみようとするようになるが、この傾向をスイスの心理学者〔21　〕は、〔22　〕と呼び、〔23　〕が育ってくる契機だと考えた。

☐ ④アメリカの心理学者〔24　〕は、外界の情報を取り入れて適切に判断していく活動である

〔25 〕の発達の程度が、〔26 〕の発達に影響を与えると考えた。

5 欲求と適応行動

☐ ①人間の行動は何らかの〔27 〕によって引きおこされる。それは大別して生命や種族の保存を目的とする〔28 〕と、集団への帰属や自己実現などを求める〔29 〕がある。前者は一次的欲求、後者は二次的欲求ともいわれる。

☐ ②人間が環境と調和しようとすることを〔30 〕というが、いつもそれがうまくいくとは限らない。こうした状態は心身に何らかの異常をもたらすことが多い。

☐ ③２つ以上の欲求が同時に発生したときに生じる精神的緊張を英語で〔31 〕というが、日本語の〔32 〕という言葉は、ツタやカズラに巻きつかれて身動きできなくなった状態を示している。

6 フロイトと精神分析

☐ ①人間は自分の欲求が満たされないとき、〔33 〕あるいは欲求不満の状態になる。しかし、この状態は自我を不安定にさせるため、人間は〔34 〕のうちに自我を安定させようとする行動をとる。これをオーストリアの心理学者〔35 〕は、〔36 〕と呼んでいる。

☐ ②欲求不満を解消するために、自覚しないでとる行動の典型は、嫌なことや苦しいことを意識の底に押さえ込んでしまう〔37 〕という機制である。

☐ ③不満が生じたときでも冷静になって〔38 〕ができる者もいれば、不満のいらだちや怒りを周辺にまき散らす〔39 〕という衝動的・短絡的な行動をおこす者もいる。

☐ ④フロイトの影響を受けたスイスの心理学者〔40 〕は、フロイトの個人的無意識に加えて、人類に共通する〔41 〕を提唱した。それは、アニマ・アニムスといった男女の魂やグレート・マザーといわれる「大いなる母」のイメージなどがあり、その共通する型を彼は〔42 〕と呼んでいる。

Summary 青年期の自己形成と課題

1 青年期の自己形成

1 パーソナリティの形成

①**パーソナリティ**(**人格**、personality)：人間の知・情・意の全体的・統一的特徴

②パーソナリティの要素

a．**能力**(ability)

- 知能：精神的能力
- 技能：身体的能力

→ 先天(遺伝)的要素・後天(環境)的要素の複合的要因で形成

b．**気質**：情緒(じょうちょ)や好みなどの感情的な特質で、先天的要素が強い

c．**性格**(character)：能力や気質を行動へと導く意志的な特質

③パーソナリティの分類(類型論と特性論)

a．**類型論**：心理的・生物的要因によってパーソナリティを分類する

- **シュプランガー**：求める価値によって性格を分類
  - **理論型**・**経済型**・**審美**(しんび)**型**・**社会型**・**権力型**・**宗教型**
- **クレッチマー**：体型と性格との相関を研究→**細長型**・**肥満型**・**闘士**(とうし)**型**
- **リースマン**：人間の社会的性格を研究
  - **伝統指向型**：社会の慣習を尊重する性格
  - **内部指向型**：自己の動向に行動基準をおく性格
  - **他人指向型**：同時代人の動向に行動基準をおく性格で、現代人の特徴的性格
- **ユング**：複数の性格的特性の組合せで性格を分類→**内向型**・**外向型**

b．**特性論**：性格的特性を程度や量によって分類する→**オルポート**

- 5つの因子(**ビッグファイブ**)で分類など

2 社会性をもった個性の形成

①**個性**：他者との比較によって明確となる個人的な特性

②個性化と社会化

人間は
- 個人的特性を身につける**個性化**
- 社会生活に必要な知識や慣習を身につける**社会化**

によって成長

2 人間の心の働き

1 知覚・学習

①**認知**：外界の事物を**知覚**し、判断し理解する過程

②**錯視**(さくし)：実際とは異なって知覚する**錯覚**のうち、視覚における錯覚

- ルビンの壺(つぼ)：黒い背景に描かれた白い壺の輪郭(りんかく)が人の顔にみえる錯視のこと

③**推論**：ある情報をもとに新たな情報を導き出すこと

④**バイアス**：認識や思考に生じるかたより(ゆがみ)のこと

⑤**動機づけ(モチベーション)**：人や生き物に行動をおこさせること

- 他の欲求を満たすためのもの……**外発的動機づけ**
- それ自体を満たすためのもの……**内発的動機づけ**

2 感情

①**エクマン**：人間には怒り・嫌悪・恐怖・喜び・悲しみ・驚きの６感情があると説く
　└**基本感情**

②**中枢起源説**：「楽しいから笑う」というような、感情と身体の反応が同時におこる感情論→「笑うから楽しい」は末梢起源説

3 アイデンティティとモラトリアム

1 アイデンティティ（**自我同一性**、identity）：アメリカの**エリクソン**の理論

①アイデンティティの２つの側面

a．過去・現在・未来を通して、自分は自分であるという主体的な確信

b．自分は集団に受け入れられ、一定の責任をはたしているという社会的な自信

②**アイデンティティの危機（拡散）**

自分は集団に受け入れられていない─┐
自分の将来の姿がはっきりみえない─┘─自分に対する自信・確信がもてない状態

③**アイデンティティの確立**

アイデンティティの危機（拡散）の克服過程で、自分に対する自信や確信がもてるようになること

2 **モラトリアム**（猶予期間）

①**心理・社会的モラトリアム**：青年がアイデンティティを確立するまで、社会的な責任や義務の一部を免除される期間

②**モラトリアム人間**：大人になることを引き延ばそうとする青年のこと
……**小此木啓吾**の言葉

3 ライフサイクルと発達課題

①**ライフサイクル**（**人生周期**、life cycle）
└人生を８つの段階に区分し、結婚後は夫婦や親や祖父母として複数の世代と交わりつつ生涯発達をとげていくとする、エリクソンの説

②**発達課題**：各発達段階においてはたしておくべき課題

a．**ハヴィガースト**：６つの発達課題をかかげる

b．エリクソン：青年期の発達課題はアイデンティティの確立だとする

4 自己実現と社会参加

1 自己実現：**欲求階層論**をとなえたアメリカの心理学者**マズロー**は、生理的な**欠乏欲求**、精神的な**成長欲求**の最上段に**自己実現の欲求**をおいている

2 生きがいを求めて

①**生きがい**：生きていることに対する充実感・手応えのこと

②**神谷美恵子**：生きがいは精神的な価値によって満たされるもので、**使命感**をもつことが重要と説く　主著『**生きがいについて**』

③**フランクル**：アウシュヴィッツの経験から、人間は「**生きる意味**」を求めて生きるかぎり希望をもてると説く

青年期の自己形成と課題

Speed Check!

1 青年期の自己形成

☐ ①ラテン語の「仮面」を意味する「ペルソナ」に由来する〔1 〕は、人間の知的、情緒的、および意志的側面などの統一的特徴を意味し、日本語で〔2 〕と訳されている。

☐ ②身体的能力である技能や精神的能力である〔3 〕は、人間の能力を形成する２つの要素であり、〔4 〕は個人の意志的特質、〔5 〕は感情的特質を意味する。

☐ ③心理学ではパーソナリティを分析するのに、心理的・生物的要因によってわける〔6 〕と、複数の性格的特性の組合せによってわける〔7 〕とがある。ドイツの心理学者〔8 〕は体型と気質を関連づけて分類し、〔9 〕はその人の価値観にしたがって性格をわけている。さらにアメリカの社会学者リースマンは性格を伝統指向型・内部指向型・〔10 〕の３つにわけ、現代の大衆は最後の類型が多いと指摘し、スイスの心理学者ユングは、心のエネルギーの方向によって性格を〔11 〕と外向型に分類している。

☐ ④人間の発達にとって、個人的な特性を身につける〔12 〕と、社会生活に必要な知識や慣習を学ぶ〔13 〕とは両輪の働きをなしている。

2 人間の心の働き

☐ ①人間が学習していく過程には、外界の事物を〔14 〕して、判断したり理解したりする〔15 〕という働きがある。

☐ ②実際とは異なって知覚する〔16 〕のうち、視覚によるものを〔17 〕というが、黒い背景のなかの白い壺の輪郭に人の顔がみえる〔18 〕はよく知られている。

☐ ③ある情報をもとに、新たな情報を導き出すことを〔19 〕というが、ときに認識や思考に〔20 〕というゆがみが生じることがもある。

☐ ④心理学者〔21 〕は、人間には怒り・嫌悪・恐怖・喜び・悲しみ・驚きという６つの〔22 〕があると説いている。

☐ ⑤「楽しいから笑う」のような感情と身体の反応が同時におこる感情論は〔23 〕といい、逆に「笑うから楽しい」のようなできごとによって身体に変化が生じ、感情が生まれ出る感情論は〔24 〕という。

3 アイデンティティとモラトリアム

☐ ①アメリカの心理学者〔25 〕は、自分が自分であることに確信・自信がもてることを英語で〔26 〕と呼んでいるが、これは日本語では〔27 〕と訳されている。

☐ ②青年は精神的にはまだ十分に自立できていないため、自分自身に自信や確信をもちにくい。このような状態を〔28 〕というが、そうした状態を克服するなかで、いつしか〔29 〕と呼ばれる自分らしさに自信と確信がもてる状態に至り、青年は一人前になっていくのである。

☐ ③現代社会は高度化・複雑化しており、青年がアイデンティティを確立するには多くの困難を乗りこえていかなくてはならない。そのため、青年にはアイデンティティ確立までの準備期間として社会的責任や〔30 〕が免除され、猶予されているとエリクソンは考え、これを〔31 〕と呼んだ。

☐ ④エリクソンは発達にしたがって人生を８段階に区分し、これを〔32 〕と呼んでいる。「人生周期」と訳されるこの過程には、それぞれの段階においてはたしておかなければならない社会的期待や要請があり、それを[33]という。人間はこの期待や要請にこたえながら生涯発達し続けるのである。

□ ⑤日本の心理学者[34]は、現代の若者には人生の選択を先延ばしし、与えられた猶予期間にひたりきっている[35]と呼ぶような者がいると指摘した。

4 自己実現と社会参加

□ ①アメリカの心理学者[36]は、人間の欲求を生理的な欠乏欲求、その上に精神的な[37]をおき、さらに最上段に[38]の欲求をおき、下位の欲求を満たしながら上位の欲求を満たしていくと考えた。

□ ②人間はただ生きているのではなく、[39]といわれるような何らかの充実感を求めて生きている。日本の精神科医[40]は、ハンセン病患者のケアの体験から、生きるうえでの充実感の大切さを説いている。

□ ③オーストリアの精神科医[41]は、ナチスの強制収容所アウシュヴィッツの体験を通して、人間の生にとって「[42]」を求めることの大切さを説いている。

Summary ギリシアの思想

① 神話から哲学へ

1 神話的世界観

①**神話(ミュトス)**：ギリシアでは自然の事象を神の仕業(しわざ)とみなす

②文学作品　**ホメロス**：トロイア戦争を描いた『**イリアス**』『**オデュッセイア**』

　　　　　　ヘシオドス：神々の誕生と系譜(けいふ)を描いた『**神統記**(しんとうき)』

2 **自然哲学**：神話によらず、経験的事実にもとづいて世界を説明

①哲学の基本姿勢

a．人間の理性(**ロゴス**)の尊重

b．万物の生成・変化の根源・原理(**アルケー**)の探究

c．冷静に事物を観察する態度(**テオーリア**)の重視

②哲学者たち

タレス(前7～6C)	イオニア哲学　哲学の祖　「**万物の根源は水である**」
ピタゴラス(前6C)	宗教教団の祖　「肉体は魂の牢獄(ろうごく)」　万物の根源は「**数**」
パルメニデス(前6C)	「有るものはあり、有らぬものはあらぬ」
エンペドクレス(前5C)	世界は**土**・**空気**・**水**・**火**の集合・分離から成り立つ
デモクリトス(前5～4C)	万物は微小な物質**アトム(原子)**からなる

② ソフィストとソクラテス

1 ソフィストと相対主義

①**ソフィスト**：民主政治の発達にともない、**弁論術**(べんろんじゅつ)や市民的徳の教授を職業とした人々

└のち論理で人々を操る**詭弁**(きべん)に陥る

②**プロタゴラス**(前5C)

└「**人間は万物の尺度**(しゃくど)**である**」→人間の判断の主観性・相対性を主張＝**相対主義**

③**ゴルギアス**(前5C)：何も知り得ず知っても教えられない→不可知論を説く

2 **ソクラテス**(前5～4C)：プラトンの『**ソクラテスの弁明**』『**クリトン**』に描かれる

①**徳(アレテー)**：人間にとっての**善美**(ぜんび)**の事柄**(ことがら)である**魂(プシュケー)**の善さを探究

②**魂への配慮**(はいりょ)：自分の魂が善くあるように気遣うこと→**善く生きること**の大切さ

③**無知の知**：自分は何も知らないのだという自覚

↓　　　└「**汝**(なんじ)**自身を知れ**」……**デルフォイ**の神殿に刻まれた銘文(めいぶん)

④知の探究：無知の自覚は知への探究の始まり→**愛知**(フィロソフィア、哲学)

⑤**問答法(助産術**(じょさんじゅつ)**)**：問答によって相手に無知を気づかせ、真理探究に向かわせる

⑥**知徳合一**(ちとくごういつ)・**知行合一**(ちこうごういつ)：徳とは何かを知ることで、正しい行為が生まれる

③ プラトン

プラトン(前5～4C)：主著『**国家**』『**饗宴**(きょうえん)』『**パイドン**』　学園：**アカデメイア**

1 **イデア論**：すべての事物は、永遠不滅の真実在である**イデア**をわけもっている

└すべての善さの原型でイデアのなかのイデアとされるのは**善のイデア**

2 **イデア界**(英知界)：イデアや魂など完全で永遠不滅なものが存在する世界

現象界：感覚でとらえられる不完全で有限な個物が存在する世界

└人間は洞窟のなかで壁に映った影を実物だと思って生きている→**洞窟の比喩**

3 **エロース**：魂が同じ英知界にいたイデアを慕う情熱のこと

想起(アナムネーシス)：魂が英知界のイデアを思い出すこと

4 魂の三分説と理想国家

①魂
- 認識・判断能力＝**理性**
- 決断・行動能力＝**気概**
- 感覚・欲求能力＝**欲望**

②**四元徳**
- 理性の徳＝**知恵**
- 気概の徳＝**勇気**
- 欲望の徳＝**節制**

→調和→**正義**

③**理想国家**

理性的で知恵を有する＝**統治者**
意志的で勇気を有する＝**防衛者**
欲望的で節制が必要　＝**生産者**

イデアを求める愛知(哲学)者が、統治者として理性によってほかの階級を指導する**哲人政治**が理想の政治形態

4 アリストテレス

アリストテレス(前4C)：主著『**ニコマコス倫理学**』『**形而上学**』『**政治学**』

1 運動論：**質料(ヒュレー)**(事物の素材)が事物に内在する**形相(エイドス)**(事物の本質)に向かって、形相を得ていない**可能態(デュナミス)**から、形相を得た**現実態(エネルゲイア)**へと変化・発展していく

2 倫理学
- **知性的徳**：真理認識に関わる**知恵(ソフィア)**と行為の適・不適に関わる**思慮(フロネーシス)**が備わる
- **習性的徳**：思慮が行為に偏りのない**中庸**をめざし、それを習慣化した徳

3 国家論：「**人間はポリス的(社会的)動物である**」

①原理：結合原理＝**友愛(フィリア)**：優れた者どうしが善を与えあうこと

秩序原理＝**正義**
- **全体的正義**：法律を遵守すること
- **部分的正義**
  - **配分的正義**：能力や働きに応じた公平
  - **調整的正義**：利害得失の調整による公平

②政治体制の種類：**君主政治・貴族政治・共和政治**

→堕落形態：**僭主政治**・**寡頭政治**・**衆愚政治**

4 幸福論：誰もが求める最高の善さ＝最高善＝幸福＝**観想(テオーリア)的生活**

5 ヘレニズムの思想

1 エピクロス派……開祖：**エピクロス**

└**快楽主義**：快楽とは心が乱されない**アタラクシア**の状態

└公的生活から逃れて「**隠れて生きよ**」

2 ストア派……開祖：**ゼノン**

└**禁欲主義**：情念を抑えた**アパテイア**を重視

└自然の理法(**ロゴス**)に従うこと→「**自然に従って生きる**」

3 **新プラトン主義**……**プロティノス**がプラトンのイデア論にもとづく哲学体系を構築

└万物は存在を超えた「**一者(ト・ヘン)**」から流出すると説く

Speed Check! ギリシアの思想

❶ 神話から哲学へ

☐ ①神話はギリシア語で[1]といわれ、自然現象を神格化した神々の物語である。そして、[2]は『イリアス』や『オデュッセイア』に、[3]は『神統記』などに神々と英雄の物語を描いた。

☐ ②[4]は神話的世界観を脱却して、世界や自然を合理的に説明しようとして生まれた学問である。その学問的特徴は理性すなわち[5]の尊重、万物の根源すなわち[6]の探究、そして[7]といわれる観察態度である。

☐ ③「哲学の祖」と呼ばれたミレトス出身の[8]は、「万物の根源は[9]である」と語っている。彼を先駆とする哲学は、[10]哲学といわれる。

☐ ④宗教家でもあった[11]は、魂の浄化のために修行とともに音楽と数学とを課し、世界を構成するのは[12]とその比率であると説いた。

☐ ⑤「有るものはあり、有らぬものはあらぬ」と語った[13]は、運動を否定してその後の思想界に大きな影響を与えた。

☐ ⑥世界は土・空気・水・火の分離と集合で成り立つと説いた[14]のあとを受けて、[15]は世界を構成するのは微小な物質である[16]だと考え、現代にも大きな影響を与えた。

❷ ソフィストとソクラテス

☐ ①ペルシア戦争後のアテネで活躍した[17]と呼ばれる教師集団は、判断の主観性・相対性を容認する[18]をとなえ、説得の技術として[19]の重要性を説いたが、その代表者が「人間は[20]である」と語った[21]である。

☐ ②人間にとっての善美の事柄とは魂の善さのことであり、ギリシア語の[22]すなわち徳を意味する。

☐ ③[23]は、アテネの街頭に立って[24]という独特の方法で人々に徳とは何なのかを問いかけた。それは、[25]神殿の銘文「[26]」という言葉を投げかけ、自分の魂のあり方に心を配っているか、という問いかけであった。

☐ ④[27]とは単なる無知ではなく、徳とは何なのかを知らないことの自覚であり、この自覚のゆえに知への探究すなわち[28]あるいは哲学が始まるのである。

☐ ⑤彼は、大切なのは名誉や財産ではなく「[29]こと」であり、[30]すなわち魂が善くあることだとして、[31]を説いた。

☐ ⑥有徳であるということは徳とは何かを知ることで、これを[32]という。また、徳を知らなければそれを実践できないが、これを[33]という。

❸ プラトン

☐ ①[34]は、師ソクラテスが求めた事物の本質を[35]と呼び、なかでもすべての事物の存在と認識の根拠である本質中の本質を[36]と呼んだ。

☐ ②彼は、人間はまるで洞窟のなかで壁に映った影を実物だと思って生きているという[37]によって、現象界の事物と英知界の真実在の関係を譬(たと)えで示した。

☐ ③魂は英知界で一緒だった真実在を求めている。この真実在への情熱が[38]であり、魂が真実在を思い出すことが[39]すなわちアナムネーシスである。

☐ ④彼は魂を理性と[40]と欲望にわけ、それぞれに[41]・勇気・[42]の徳があり、これらの徳が調和をもって備わるとき[43]が実現するという。

☐ ⑤魂の三分説は国家にも適用され、勇気に勝る人は[44]として国防にあたり、欲望的な人は[45]として経済を支え、国民を導く統治者は知を愛し求める者でなければならないとして、[46]の思想を展開した。

4 アリストテレス

☐ ①プラトンの学園[47]で20年間学んだ[48]は、師のイデア論を批判し、本質である[49]は事物に内在し、素材である[50]を得て、それまで可能態でしかなかったものが現実態となると考えた。

☐ ②人間の徳は理性の正しい働きによる[51]と、習慣のなかで形成される[52]とがあるが、とくに後者は理性のうちの[53]が相手や場合に応じて行為に偏(かたよ)りのない[54]を目指し、それが習慣化することで形成される徳とされた。

☐ ③「人間は[55]である」と考えた彼は、国家は結合原理である[56]と秩序原理である[57]によって成り立つと考え、後者をさらに全体と部分にわけ、部分的正義を能力や仕事に応じた公平である[58]と利害の調整をはかる[59]に分類した。

☐ ④彼は、人間は善さを求めて生きており、そのうちの最高善は幸福といわれるが、それが人間の幸福であるかぎり理性に即した幸福であらねばならないと考え、理性を十分に働かせて生きる[60]的生活を人間的な幸福だとした。

5 ヘレニズムの思想

☐ ①快楽は善であると快楽主義をとなえた[61]は、魂に煩(わずら)わしさのない[62]を理想としたが、そのためには「[63]」と語って公的生活から遠ざかるようにと提言した。

☐ ②[64]派の祖[65]は、自然界はロゴスに貫かれており、人間も自らの理性(ロゴス)に従って生きるべきで、それは「[66]生きる」ことである。そのためには情念に流されない[67]を求めねばならないと禁欲主義を説いた。

☐ ③プラトンのイデア論を受け継いだ[68]と呼ばれる哲学は、[69]が説いた超越的な存在者を「一者(ト・ヘン)」ととらえ、万物はそれから流出しそれへと還流すると考える思想である。

Summary キリスト教・イスラーム教の思想

① 古代ユダヤ教

1 ヘブライ(ユダヤ・イスラエル)の民

前16世紀頃：メソポタミア地方から、**アブラハム**に率いられて移動
└一部は**カナン**(現パレスチナ)に移住、一部はエジプトに入る

前13世紀頃：**モーセ**に率いられてエジプトを脱出＝**出エジプト**
└途中、**シナイ山**で神から「**十戒**」を授かる

前11世紀頃：ヘブライ王国成立
└王は油を注がれた者＝**メシア**(ギリシア語で**キリスト**)と呼ばれる
　└キリスト教では神の国をもたらす**救世主**

前10世紀頃：ダヴィデ・ソロモン王時代の繁栄→信仰心の希薄化→**預言者**による警告

2 ユダヤ教の成立

ダヴィデ王の死後、ヘブライ王国分裂─┬北のイスラエル
　　　　　　　　　　　　　　　　　└南のユダ……預言者**イザヤ**の活躍

↓

王侯・貴族がバビロンに連行される＝**バビロン捕囚**……預言者**エレミヤ**の活躍

↓

解放後、エルサレムに神殿を建て、教義を整えて教団が成立＝**ユダヤ教**成立

3 ユダヤ教の特質

①聖典：**『旧約聖書』**……「創世記」「出エジプト記」「申命記」などからなる
└天地創造や**アダム**とエバ(**イヴ**)の楽園追放など

②神：**ヤハウェ(ヤーウェ)**……「在りて在るもの」という意味
├創造神：この世のすべてを創造した唯一の神(**唯一神**)
├**人格神**：契約を結び、裁きをおこなうなど人間的特質をもつ神
└**裁き(義)の神**：契約の履行をせまり、**終末**には裁きにより正義(義)を実現

③**選民思想**：ヘブライの民は神から特別の使命と恩恵を受けているという思想

④聖地：エルサレムの「**嘆きの壁**」

② イエスの教え

1 **イエス**：大工ヨゼフと**マリア**の子→マリアが聖霊によって身籠る

2 メシアの自覚：洗礼者**ヨハネ**の洗礼を受け、イエスはメシアを自覚→荒野での試練→ペテロら12人の弟子を得て伝道開始

3 信仰の形式化：信仰の形式化をイエスは批判

パリサイ派：厳格な**律法(トーラー)**(十戒を中心とする神との契約と掟の総称)の遵守をせまる

4 律法主義批判：イエスは信仰の原点を求めて、律法の形式化を批判

①「**安息日**は人のためにある」と語り、律法の形式主義を批判

②姦淫の譬えで、律法の内面化を訴える

5 神の愛と２つの戒め

①**神の愛(アガペー)**：神によってもたらされる**無差別・無償の愛**

②「**心をつくし、精神をつくし、思いをつくして、主なるあなたの神を愛せよ**」

「自分を愛するように、あなたの**隣人を愛しなさい**」

6 神の国と福音

神の国の到来などの喜ばしい報せ(**福音**)を、イエスは「**山上の垂訓**」で示す

3 キリスト教の成立と発展

1 教団の成立とパウロ

①教団の成立：イエスをメシアと信じ、その**復活**を信じる人々によって教団が設立

a．**使徒**：**ペテロ**を第一の使徒として、イエスの教えを伝道した人々

b．『**新約聖書**』：マタイ・マルコ・ルカ・ヨハネの四福音書や使徒伝など

②**パウロ**：元パリサイ派のユダヤ教徒で、キリスト教徒迫害の途中、**回心**を経験

a．**原罪**：人間はアダム以来の神との契約を破らざるをえないという罪のこと

b．**贖罪**：神はその子イエスの死によって、人類の罪を償ってくれたという思想

c．キリスト教の三元徳：**信仰・希望・愛**をキリスト教的な徳とする

③**キリスト教公認**：４世紀、ローマ帝国の国教に→**ローマ・カトリック教会**の成立

2 教父哲学とスコラ哲学

①**教父哲学**：異端との論争のなかで教義の確立に貢献した哲学

└思想家：**アウグスティヌス**……主著『**神の国**』『**告白**』

　├原罪を救いうるのは神の愛から出る**恩寵**以外にはないと説く

　└神と子と聖霊は１つの神の３つの位相という**三位一体説**を理論化

②**スコラ哲学**：教会付属の学校(スコラ)で説かれたキリスト教の哲学

└思想家：**トマス＝アクィナス**……主著『**神学大全**』

　└信仰優位の上に立って科学的真理と宗教的真理の調和をはかる

4 イスラーム教

1 **ムハンマド(マホメット)**：神**アッラー**の啓示を受けた最高で最後の**預言者**

└唯一神・神の前の平等・**偶像崇拝**の禁止を説き、迫害を受ける→**メッカ**から**メディナ**へ逃亡＝**ヒジュラ**(聖遷)→のちメッカに帰り**カーバ神殿**を聖地とする

2 **六信**：アッラー・**天使**・**聖典(クルアーン)**・**預言者**・**来世**・**天命**を信じること

五行：**信仰告白**・**礼拝**・**断食**(**ラマダーン月**に実施)・**喜捨**・**巡礼**を実践すること

3 発展：ムハンマドの後継者(**カリフ**)がイスラーム法(**シャリーア**)にもとづいて、イスラーム教徒(**ムスリム**)の共同体(**ウンマ**)を指導しながら発展

4 二大宗派┬**スンナ派**：ムハンマドの慣行(スンナ)を忠実に実践する多数派

　　　　└**シーア派**：ムハンマドの従弟アリーの一族を正統とする少数派

Speed Check! キリスト教・イスラーム教の思想

❶ 古代ユダヤ教

□ ①前16世紀頃、ヘブライの民の一部はメソポタミア地方からエジプトへと入ったが、その後［1 ］に率いられて脱出し、約束の地［2 ］に向かった。その途中シナイ山で神［3 ］から救済の約束と「［4 ］」と呼ばれる戒めを受けた。

□ ②その後カナンの地に王国を築いた人々は、ダヴィデ・ソロモン王のときに繁栄を誇ったが、一方で信仰心の希薄化を招くようにもなった。この状況に警告を発したのが［5 ］と呼ばれる人々であり、ユダヤ教の本格的成立は、前6世紀の［6 ］解放後、エルサレムに神殿を建て、教義を定めてからのことである。

□ ③ユダヤ教の教えについては、「［7 ］」や「出エジプト記」「申命記」などを中心とした聖典『［8 ］』に記されている。それによれば、ヘブライ人は神から特別な使命と恩恵を受けているとする［9 ］思想をもっており、世界の終わり（［10 ］）には信仰深き者のみが救われると記されている。

❷ イエスの教え

□ ①大工のヨゼフと［11 ］とのあいだに生まれた［12 ］は、洗礼者［13 ］の洗礼を受けて［14 ］としての自覚をもち伝道を開始した。

□ ②当時、律法の形式的な遵守をせまっていた［15 ］と呼ばれる人々を批判し、無差別・無償の神の愛すなわち［16 ］を信じるように説くとともに、全身全霊をつくして神を愛することと「自分を愛するように、あなたの［17 ］を愛しなさい」という2つの戒めを示した。

□ ③彼は、神の国は人々の心の内に到来するという喜ばしき報せである［18 ］について、［19 ］という山の上での説教によって伝えた。

❸ キリスト教の成立と発展

□ ①キリスト教は、イエスをメシアと信じ、その［20 ］を信じる人々によって開かれたが、その中心となったのはイエスの教えを伝道する［21 ］の筆頭とされた［22 ］であった。

□ ②2世紀頃、イエスの生涯と教えを記した『［23 ］』が成立したが、それは「［24 ］」「［25 ］」「ルカ」「ヨハネ」の四福音書を中心としている。

□ ③元パリサイ派のユダヤ教徒であった［26 ］は、キリスト教徒の迫害におもむく途中にイエスの声を聞いて［27 ］した。彼はその後、イエスはなぜ死ななければならなかったのかについて考えた。そして、神との契約を破らざるをえないという人間の根源的罪である［28 ］を償（つぐな）うために、神はみずからの子を遣わし十字架上に死なせたのだという［29 ］を説くにいたった。

□ ④ローマ帝国によるキリスト教公認以後、古代末期に異端との論争を通してカトリックの教義確立に貢献した哲学が［30 ］である。その代表的思想家である［31 ］は、根源的な罪から人間を救ってくれるのは、神の愛と恵みである［32 ］だと語った。さらに彼は、主著『［33 ］』のなかで教会を神の国と地上の国とを結ぶものと位置づけるとともに、パウロが説いた信仰・［34 ］・愛の3つの徳をギリシア的四元徳の上位において、キリスト教道徳の基本とした。

□ ⑤教会の付属学校で講義された［35 ］と呼ばれる哲学は、信仰をアリストテレス哲学によって基礎づけようとした学問であった。代表的哲学者は〔36 〕であるが、彼は当時大きな議論となっていた信仰上の真理と科学上の真理は両立するのかという問題を、その著書『〔37 〕』のなかで、信仰の優位をもって調和させた。

4 イスラーム教

□ ①協力と平等を原則とする遊牧民アラブ人は、商業活動に進出するなかで貧富の差を生み出し、矛盾を抱えるようになった。メッカの商人であった〔38 〕は、神〔39 〕の啓示を受けて、この矛盾の解決に乗り出すことになった。

□ ②イスラーム教は、唯一神への絶対的な帰依と神の前の平等を原則とし、信者である〔40 〕は生活のあらゆる場面において聖典『〔41 〕』の遵守と、聖典とムハンマドの言行録をもとに作られた〔42 〕すなわちイスラーム法に従った生活を送ることを義務づけられている。

□ ③イスラーム教は唯一の神を信仰し、〔43 〕の禁止をとなえたため、多神教で神々の像を刻んで拝んでいた旧勢力には、その教えは受け入れられなかった。そのため、ムハンマドは旧勢力の迫害を受け、メッカから〔44 〕への亡命を余儀なくされた。このできごとは〔45 〕あるいは聖遷といわれ、この年622年がイスラーム暦元年とされている。

□ ④イスラーム教は厳しい戒律をもっているが、なかでも〔46 〕と呼ばれる６つの信仰と、〔47 〕と呼ばれる５つの実践が中心となっている。まず前者ではアッラー・天使・聖典・預言者・来世・〔48 〕への信仰、後者では「アッラーのほかに神なし」という言葉で始まる〔49 〕、１日５回メッカに向かっておこなわれる〔50 〕、イスラーム暦ラマダーン月におこなわれる〔51 〕、そして貧者のための宗教税である〔52 〕とメッカの〔53 〕神殿への〔54 〕といった実践である。

□ ⑤ムハンマドの死後、信者たちの共同体である〔55 〕は、〔56 〕と呼ばれる指導者によって導かれることになった。

Summary インドの思想

1 仏教以前の思想

1 バラモン教の成立

前24世紀頃：インダス流域に農耕文明(インダス文明)

前15世紀頃：アーリヤ(アーリア)人の侵入→征服過程で**カースト制度**を生み出していく

前12世紀頃：自然崇拝を基礎に**バラモン教**が成立　聖典『**ヴェーダ**』

2 ウパニシャッド哲学

①バラモン教の形式化→教団内部からの批判→**ウパニシャッド哲学**の成立

↓反発

非主流思想の登場：**ジャイナ教**(開祖：**ヴァルダマーナ**)・仏教など

②**輪廻転生**(りんねてんしょう)：前世の行為(**業**(ごう)・**カルマ**)によって、霊魂が前世・現世・来世の三世にわたって姿を変えつつ生き続けること→苦しみそのもの

解脱(げだつ)：祭式や祈禱(きとう)によらず、瞑想(めいそう)と苦行(くぎょう)によって苦しみからの脱却をはかる

- 宇宙の本質＝**ブラフマン(梵**(ぼん)**)**
- 個人の本質＝**アートマン(我**(が)**)**

→ 1つであること(**梵我一如**(ぼんがいちにょ))を悟るとき解脱できる

2 仏教

1 ガウタマ＝シッダールタ(前5C～4C)

シャカ族の王子として誕生→**四門出遊**(しもんしゅつゆう)の逸話(いつわ)→出家(しゅっけ)→**苦行**(くぎょう)の時代→瞑想(**ヨーガ**)によって悟り、**仏陀**(ぶっだ)(覚者(かくしゃ))となる→初の説法(**初転法輪**(しょてんぽうりん))→80歳で入滅(にゅうめつ)

2 思想

①**四法印**(しほういん)

一切皆苦(いっさいかいく)	この世のすべての現象は苦と感じられる
諸行無常(しょぎょうむじょう)	この世のすべての現象は一瞬の停滞もなく変化していく
諸法無我(しょほうむが)	この世のすべての事物には、永遠不滅の実体はない
涅槃寂静(ねはんじゃくじょう)	苦悩の吹き消えた、自由で心静かな平安の境地がある

②**四諦**(したい)：4つの聖なる真理で、仏陀の教えを具体的実践にそって述べたもの

a．**苦諦**(くたい)：人生は苦しみにほかならないという真理

四苦(しく)：**生**(しょう)・**老**・**病**・**死**

八苦：**愛別離苦**(あいべつりく)……愛するものと別れる苦しみ

怨憎会苦(おんぞうえく)……憎いものと出会う苦しみ

求不得苦(ぐふとくく)……欲しいものが得られない苦しみ

五蘊盛苦(ごうんじょうく)……心身を構成する要素(**五蘊**(ごうん))から生じる苦しみ

b．**集諦**(じったい)：苦しみの原因は、事物への**我執**(がしゅう)あるいは**渇愛**(かつあい)による**煩悩**(ぼんのう)の集まりにほかならないという真理

↓

三毒(さんどく)：**貪**(とん)(貪(むさぼ)り)・**瞋**(じん)(怒り)・**癡**(ち)(愚かさ)が代表的煩悩

c．**滅諦**：煩悩を断つことによって、悩みや苦しみのない**涅槃(ニルヴァーナ)**の境地に至ることができるという真理
　└この世の真理＝**法(ダルマ)**に対する無知(**無明**)を除くことが必要
　　　‖
縁起(の法)：この世のすべては相互に依存しあいながら変化している

d．**道諦**：涅槃に至るには正しい修行の方法があるという真理
　　　‖
八正道：**正見**・**正思**・**正語**・**正業**・**正命**・**正精進**・**正念**・**正定**
　└根底に快楽主義にも苦行主義にも偏らない**中道**がある

③**慈悲**：生きとし生けるもの(**一切衆生**)のために、楽しみを与える**慈(マイトリー)**と苦しみを除く**悲(カルナー)**とを、仏陀は**利他**の行いとして重視

④**五戒**：在家信者のための戒めで、**不殺生戒**(生き物を殺さない)・**不偸盗戒**(他人のものを盗まない)・**不邪淫戒**(淫らなことをしない)・**不妄語戒**(嘘をつかない)・**不飲酒戒**(酒を飲まない)

3 仏教の発展

1 教団の分裂

①**上座部**：仏陀の定めた戒律を厳格に守る保守派→のちの上座部(小乗)仏教
大衆部：戒律以上に仏陀の精神を受け継ぐ進歩派→のちの大乗仏教

②**上座部仏教**：個人的悟りを特徴とする→**阿羅漢**を理想像とする
大乗仏教：自己の悟りとともに他者の救いもめざす
　└**菩薩**(自己の悟りをあとにしてでも他者の救済を願う修行者)を理想像とする

2 大乗仏教の発展

①思想的特徴

a．**一切衆生悉有仏性**：生あるものはすべて仏になる可能性(**仏性**)をもつ

b．**利他**の行いの実践：他者の救済(慈悲)を重んじる

c．布施や精進などの**六波羅蜜**の実践を説く

②代表的思想家

a．**竜樹(ナーガールジュナ**　2～3C頃)：大乗仏教理論の大成者　主著**『中論』**
　└すべての存在は実体をもたず、ほかのものに条件づけられている＝**無自性**
　　└それゆえすべての事物は、無自性であるがゆえに「**空**」である

b．**無著(アサンガ**　4C頃)と**世親(ヴァスバンドゥ**　4C頃)
　└一切の事物は存在せず、ただ人間の意識に現れているだけで、世界は意識が作り出したものだという**唯識思想**を展開、「空」の考えをさらに徹底

Speed Check! インドの思想

❶ 仏教以前の思想

☐ ①中央アジアから移動してきた〔1　〕は、先住農耕民のインダス文明を破壊し、独自の文化を生み出していったが、その過程で生まれたのが〔2　〕制度と呼ばれる身分・階級制度であった。

☐ ②侵入してきた遊牧民は、豊かな自然を神格化して〔3　〕と呼ばれる自然宗教を生み出した。やがてこの宗教の聖典として『〔4　〕』がまとめられ、インド最古の文献ともなった。

☐ ③しかし、〔5　〕階級によって独占された祭儀は形式化し、内部から批判を受けるようになり、そこから〔6　〕哲学が生まれ出た。

☐ ④前世の行為すなわち〔7　〕によって、霊魂が現世や来世に姿を変えながら苦しみの世を生き続けるという〔8　〕の思想は、人々に苦しみからの脱却すなわち〔9　〕を願う心をもたらした。

☐ ⑤こうした願いに対しウパニシャッド哲学は、宇宙の本質である〔10　〕と個人の本質である〔11　〕が本来１つであるということを悟るならば、輪廻の苦しみから脱却できると教えた。

☐ ⑥このバラモン教内部の批判を契機として、自由な思想が次々に生まれ出たが、そのなかには〔12　〕を開いたヴァルダマーナや仏教を開いた〔13　〕がいた。

❷ 仏教

☐ ①シャカ族の王子として生まれたガウタマであったが、〔14　〕の逸話にもあるように人生の苦しみに敏感であった。そのため29歳のとき出家を決意し、山林での苦行生活に入ったが、悟りを得られなかった。彼は、そののち〔15　〕といわれる坐禅瞑想によって悟りを開き、覚者すなわち〔16　〕となった。

☐ ②仏教思想の特徴は、〔17　〕と呼ばれる４つの命題に集約される。すべては苦しみに満ちているという〔18　〕、すべての事象は止まることなく変化しているという〔19　〕、すべての事物には永遠の実体はないという〔20　〕、および苦しみのない心安らかな境地があるという〔21　〕の４つである。

☐ ③仏陀はみずからが悟った真理を〔22　〕という４つの真理として、かつての修行仲間に初めて説いた。これを〔23　〕という。それは人生は苦しみにほかならないという〔24　〕、苦しみの原因は執着などの〔25　〕の集まりにほかならないという〔26　〕、そしてその執着や渇愛などを断つことで苦しみのない境地に至ることができるという〔27　〕、およびその境地に入るには方法があるという〔28　〕の４つの真理である。

☐ ④苦しみには〔29　〕の四苦と、愛する者と別れる〔30　〕、憎み嫌う者と出会う〔31　〕、欲しいものが手に入らない〔32　〕および五蘊盛苦の八苦がある。

☐ ⑤また、苦しみの原因である煩悩には、貪(貪り)、瞋(怒り)、癡(愚かさ)の〔33　〕がある。

☐ ⑥真理は〔34　〕といわれ、漢字では「法」と書く。仏陀の悟った根本的な法は〔35　〕の法といわれ、この世のすべては相互に依存しつつ存在しているという真理である。この真理に対する無知をとくに〔36　〕という。

□ ⑦この無知を除くためには、快楽主義にも苦行主義にもおちいらない[37]を歩まねばならないが、その修行法が[38]といわれる道であり、正しい認識である[39]や正しい思考である正思など8つの方法がある。

□ ⑧すべてのものが相互依存のなかで生きているのだから、生きとし生けるものすなわち[40]に楽しみを与える[41](マイトリー)と彼らから苦しみを除く[42](カルナー)を実践せよと、仏陀は語る。

3 仏教の発展

□ ①仏陀の死後、教団は仏陀の定めた戒律を厳格に守ろうとする[43]という保守派と、戒律以上にその精神を継承しようとする進歩派の[44]に分裂した。

□ ②保守派の流れをくむ[45]は、出家者による厳しい修行と個人的悟りを目的とするとともに、仏陀を一般衆生には至り得ない存在とみなして神格化し、それに限りなく近い人物像として[46]を理想とした。

□ ③[47]は分裂期の進歩派の流れをくむ一派であるが、その特性は在家信者を認めるとともに、他者のためにつくす[48]の行いあるいは慈悲に力点をおき、自己の悟りとともに慈悲の実践をめざす[49]を理想的人間像と考えている。

□ ④大乗仏教では在家信者にも[50]という戒律がある。それは生き物を殺さないという[51]戒をはじめとして、不偸盗戒・不邪淫戒・不妄語戒・[52]戒の5つがあり、最後の戒め以外はユダヤ教の「十戒」にも通じる戒めである。

□ ⑤出家信者も在家信者も、布施や精進などの[53]の修行に励むことが求められた。

□ ⑥大乗仏教の大成者といわれる[54]は、その著書『中論』のなかで仏陀の縁起の法を深化させ、すべての存在は独自の実体をもたない[55]であり、それゆえに[56]であるとする理論を構築した。

□ ⑦縁起の法および「空」の理論をさらに徹底し、一切の事物は存在せず、ただ人間の意識だけがそれを存在させているにすぎないという[57]思想を展開したのは、[58]と世親(ヴァスバンドゥ)の兄弟であった。

Summary 中国の思想

① 古代中国の思想と諸子百家

1 古代中国の思想
└万物を創造し支配する「**天**」の意志である「**天命**」を受けて有徳な天子が統治をおこなうと考える→天と人間の本性に相関を認める＝**天人相関説**

2 諸子百家：春秋戦国の混乱期に、新しい秩序原理を求めた人々

儒家	孔子を祖とし、仁と礼を中心とした徳による政治を説く
墨家	墨子を祖とし、平等な愛による助けあいと侵略戦争反対の思想を説く
法家	**韓非子**たちを中心として、**法治主義**により秦の中国統一に貢献
陰陽家	**鄒衍**が陰陽の変化と五行(木火土金水)で世界を説明＝**陰陽五行説**
その他	**孫子**たちの**兵家**(戦術)、**許行**たちの**農家**(農業技術)、**公孫竜**たちの**名家**(弁論術)、**蘇秦・張儀**たちの**縦横家**(外交術)

② 儒家の思想

1 孔子の思想……**儒教**の祖→『**論語**』にその言行が記されている

①学と知
a．学習の目的は人間としての正しい生き方＝「**道**」を求めること
b．知とは天命を知り、人間を知ること→**君子**(道の体現者)の条件

②仁と礼
a．**孝**(親に対する愛情)と**悌**(兄や年長者に対する愛情)が「**仁**」の基礎
「孝悌なるものは、それ仁の本なるか」
b．**忠**(自分に忠実なこと)と恕(他人への思いやり)と**信**(他者への誠実さ)が孔子の生き方
└**「己の欲せざるところは人に施すことなかれ」**
c．**礼**：仁が外面化したもの→「人にして仁ならずんば礼を如何せん」
「己に克ちて礼に復るを仁となす」

③徳治主義：仁に基づく理想的な統治形態
└みずからが有徳な者となってこそ民衆を治められる＝**修己治人**

2 孟子の思想

①**性善説**：人間は─┬善を直観する**良知**─┬─を生まれつきもっている
　　　　　　　　　└善を実践する**良能**─┘

②**四端**
- **惻隠の心**(人の不幸を見逃せない心)………**仁**の端緒
- **羞悪の心**(自らの不正を羞じる心)…………**義**の端緒
- **辞譲の心**(他人を立てて譲る心)……………**礼**の端緒
- **是非の心**(善悪や正・不正を見分ける心)…**智**の端緒

③**王道**：仁義に基づく政治→天命にかなう─┐
覇道：刑罰と力による政治→天命に背く─┘
易姓革命：悪政は天命により改まり、権力は有徳の人物に移る

④**仁義**：他人を思いやる仁と社会における正しい道理である義を重んじる
⑤**五倫**：父子の**親**・君臣の**義**・夫婦の**別**・長幼の**序**・朋友の**信**
五常：**仁**・**義**・**礼**・**智**の**四徳**に**信**を加えた徳目

3 荀子の思想
①**性悪説**：人間の本性は悪であり、教育・矯正(偽)によって善になる
②**礼治主義**：礼により悪を矯正・規制する思想→法家の法治主義に影響

4 朱子と王陽明
①**朱子**(朱熹)：宋時代の人で、**朱子学**の祖

理気二元論	世界は**理**(万物の根源・原理)と**気**(事物の素材・要素)で成立
性即理	人間の心の本性は、自然の「理」によって貫かれている
格物致知	個々の事物の理を究めていけば、知恵を完成させることができる └欲望や感情を抑えて理を窮める「**居敬・窮理**」の姿勢が必要

②**王陽明**(王守仁)：明時代の人で、**陽明学**の祖

心即理	人間の心は生まれつき「理」が備わっている→朱子学の性即理を批判
致良知	人間が本来もつ良知を発揮すれば、善を実現することができる
知行合一	認識と実践は心の両面であり、同じ作用である

3 墨家の思想

1 墨家：**墨子**を祖とする学派→儒家の肉親を中心とした愛を**別愛**として批判
2 学説：自他の区別のない**兼愛**を説き、相互に利益をはかりあう**交利**を勧めるとともに侵略戦争を非難する**非攻**をとなえる

4 老荘の思想

1 老子の思想
①「**道**」：万物がそこから生まれそこへと帰っていく根源→「一」「無」「大」ともいう
②**無為自然**：作為がなく万物をありのままに育てる道のあり方
└人為を偽りとして排斥→「**大道廃れて仁義あり**、慧知出でて大偽あり」
③**柔弱謙下**：柔らかくしなやかで謙虚な生き方は、道に従った生き方である
└水のような生き方が望ましい→「**上善は水のごとし**」
④**小国寡民**：無為自然を基本として、必要最小限のものと人とで成り立つ共同体

2 荘子の思想
①**万物斉同**：人間界は相対と差別の世界→自然界は対立と差別を超えた1つの世界
└**胡蝶の夢**：夢の中で蝶になった荘子は、蝶と自分の区別がつかなかった
②**真人**(至人)：虚心に天地と一体になった**逍遙遊**の境地にある人
└それには、心を虚ろにし、自己の体を忘れる修養法(**心斎坐忘**)が必要

3 **道教**：**老荘思想**を基礎に、民間信仰を取り入れて成立した民衆の宗教

Speed Check! 中国の思想

❶ 古代中国の思想と諸子百家

☐ ①周の時代には、万物の創造者である〔1 〕の意志である〔2 〕を受けた天子が政治をおこなうと考えられていたが、周が衰退するにつれて新しい社会秩序の原理を求めて〔3 〕と呼ばれる人々が活躍するようになった。

☐ ②そのなかには、秦の政治に貢献した李斯や〔4 〕に代表される法家や、陰陽五行を説いた鄒衍らの〔5 〕、また弁論術を駆使した〔6 〕らの名家や、さらには蘇秦・張儀らが外交術を競った〔7 〕などがある。

❷ 儒家の思想

☐ ①儒教は周の礼教政治を理想とする〔8 〕によって説かれた道徳・政治思想で、その思想は彼の言行録である『〔9 〕』に記されている。とくに仁にもとづく理想的な統治形態は〔10 〕といわれ、以後の中国の政治に多大な影響を与えた。

☐ ②〔11 〕とは、孔子がそれがわかれば死んでもいいとさえ語った、人間としての正しい生き方のことである。そして、この生き方を身をもって実践できる人が〔12 〕であり聖人である。

☐ ③儒教思想の中核である〔13 〕は、親に対する愛情である〔14 〕と兄や年長者に対する愛情である〔15 〕を基本としている。そして、この肉親への愛情を他者に押し広げるには、自己に忠実である〔16 〕と他者への思いやりである〔17 〕および他者への誠実さである〔18 〕が大切である。〔19 〕とは、こうした心からの愛情が言動となって外に現れたものにほかならない。

☐ ④〔20 〕は、人間には善を直観できる〔21 〕と善を実践できる良能とが、生まれつき備わっているという〔22 〕を説いた。それは〔23 〕という徳の端緒に関する説として展開された。すなわち、人の不幸を見逃せない〔24 〕の心は仁の端であり、みずからの不正を恥じる羞悪の心は〔25 〕の端で、他人を立てようとする〔26 〕の心は礼の端、さらに善悪や正・不正を見分ける是非の心は〔27 〕の端だという思想である。

☐ ⑤人を思いやる心と社会的道義を守る心である〔28 〕を重んじた孟子は、政治には仁義にもとづく〔29 〕と刑罰と力にもとづく〔30 〕とがあるとした。そして彼は、民を苦しめる後者の政治からは天命が去り、有徳の士に取って代わられるという〔31 〕の思想を肯定した。

☐ ⑥〔32 〕とは父子の親・君臣の義・夫婦の別・長幼の序・朋友の信をいう。また、孟子の仁・義・礼・智の四徳に信を加えて〔33 〕という。

☐ ⑦〔34 〕は、人間の本性は悪であり、人間の善行は教育や矯正によるものだという〔35 〕をとなえた。そして、矯正のための基準として礼を重視したが、これが韓非子などの法家の思想に影響を与えることになった。

☐ ⑧宋代の〔36 〕は、世界は万物を貫く原理である〔37 〕と事物の素材・要素である〔38 〕から成立すると考えた。そして、人間の心の本性も理に貫かれているという〔39 〕の考えから、事物に即して知を完成させる〔40 〕のためには、欲望を抑えて理を窮(きわ)める〔41 〕という姿勢が必要であると説いた。

☐ ⑨明代の儒学者[42]は、人間の心は知も情も含んで理そのものであるという[43]をとなえるとともに、人間の認識能力の先天性を確信し、良知を発揮すればかならず善を実践できるとする[44]を説いた。

3 墨家の思想

☐ ①戦国時代の思想家[45]は、儒家の肉親中心の愛情を別愛だと批判し、広く人々を愛する[46]をとなえ、その具体的あり方として相互に利益をはかりあう[47]を説いた。

☐ ②ともに愛し合い、利益をわかちあう相互扶助的な共同生活を壊す侵略戦争に反対した墨子は、[48]をとなえた。

4 老荘の思想

☐ ①[49]は「大道廃れて仁義あり」と語って、儒家の人為的な道徳を批判した。彼によれば、[50]とは万物がそこから生まれそこへと帰っていく根源であり、[51]という作為のないあるがままのあり方を特質としている。

☐ ②この作為のないあり方は、「上善は[52]のごとし」といわれるように、柔らかくしなやかで謙虚な生き方である[53]という姿勢を生み出し、どのような状況にも適応でき、決して争うことのない生き方となる。

☐ ③このような思想が求める国家とは、人為を排し、必要最小限の人とものとで成り立つ共同体で[54]と呼ばれ、のちに桃源郷のモデルとなった。

☐ ④老子の影響を受けた[55]は、人間の世界は対立や差別にもとづく相対的な世界であるが、自然の世界は対立や差別を超えて1つのものとして存在すると考えた。この思想は[56]あるいは斉物論という。

☐ ⑤「胡蝶の夢」にみられるように、相対と対立を超えて虚心に天地自然と一体化した境地に遊ぶ[57]は、道に即した生き方の典型であり、この境地に至った人は[58]あるいは至人と呼ばれ、のちに仙人思想を生み出す源となった。

☐ ⑥相対と対立の世界を超えて、すべてが1つになる絶対の境地に至るには、[59]といわれる心身を清らかにし、天地自然と一体となるための修行を積まなければならない。

☐ ⑦儒教・仏教と並ぶ中国三教の1つ[60]は、この道家の思想に民間信仰や仏教などを取り入れて、北魏の時代に成立した民衆の信仰である。

Summary 人間の尊厳と科学的精神のめばえ

1 人間解放の思想

1 ルネサンスの思想

①**人文主義(ヒューマニズム)**：ギリシア・ローマの古典を通して新しい人間像を求める

ダンテ(13～14C)	教会の権威を風刺→トスカーナ方言で『**神曲**』を書く
ペトラルカ(14C)	『**カンツォニエーレ**』で抒情をうたう
ボッカチオ(14C)	『**デカメロン**』で人間の欲望や愛憎を肯定的に描く

②**万能人(普遍人)**：ルネサンス期の理想的人間像
- レオナルド＝ダ＝ヴィンチ：「最後の晩餐」「モナ＝リザ」
- ミケランジェロ：「**最後の審判**」「**ダヴィデ**」
- ラファエロ：「**アテネの学堂**」「**聖母子**」

③人文主義者たち

a．**ピコ＝デラ＝ミランドラ**(15C　イタリア)：主著『**人間の尊厳について**』
└人間の尊厳を**自由意志**に認める

b．**エラスムス**(15～16C　オランダ)：主著『**愚神礼讃(痴愚神礼讃)**』
└「人文主義者の王」といわれ、カトリックを批判しルターに影響を与える

c．**トマス＝モア**(15～16C　イギリス)：主著『**ユートピア**』
└囲い込み運動を批判し、私有財産制度を否定した理想社会を描く

④政治思想

マキャヴェリ(15～16C　イタリア)：主著『**君主論**』
└イタリア半島の統一のために、キリスト教道徳に縛られない支配者像を求める

2 宗教的権威からの自由

1 ルター(15～16C)：ヴィッテンベルク大学神学部教授　主著『**キリスト者の自由**』

①ローマ教会が**贖宥状(免罪符)**を発売→ルターは『**95カ条の論題(意見書)**』で批判

②**信仰義認説**：人が義とされるのは「**信仰のみ**」というパウロの言葉に依拠

聖書中心主義：福音は聖書にのみ記されているとし、聖書のドイツ語訳に尽力

万人司祭説：すべての信者は神の前に平等な者であり、司祭である→教会の権威を否定し、無教会主義をとなえる

職業召命観：すべての職業は神のお召し(Calling)ととらえる

2 カルヴァン(16C)：ジュネーヴで神権政治を実現　主著『**キリスト教綱要**』

①**予定説**：この世のすべては神によって予定されており、救済の可能性も神の決定によるとして、贖宥状による救いを否定

②**職業召命観**：職業は神の栄光を実現するための奉仕の場である

→与えられた職業に励むこと＝**勤勉**
得た利益は無駄に使わない＝**倹約**
（→ **カルヴィニズム**の職業倫理）

↓

マックス＝ウェーバー：『**プロテスタンティズムの倫理と資本主義の精神**』で分析

③ 人間の観察

1 モラリスト：16～17世紀のフランスを中心に、現実社会と自己の内面を冷静に観察し、みずからの生き方(モーレス)を探究しようとした人たち

2 代表的モラリスト

①**モンテーニュ**(16C)：主著『**エセー**(随想録)』
- 「**ク・セ・ジュ(私は何を知っているか)**」と語り、スコラ的理性の傲慢を反省し、**懐疑論**の立場をとる
- 宗教戦争の悲惨さから、**寛容**の大切さを説く

②**パスカル**(17C)：主著『**パンセ**』
- 神なき人間の悲惨さとキリスト教の真理を説く

中間者	人間は偉大と悲惨、無限と虚無のあいだを揺れ動く中間的な存在
人間の尊厳	宇宙はみずからの無限と偉大を自覚できない 人間はみずからの卑小と悲惨を自覚できる→**考えること**において人間は尊厳をもつ 「われわれの尊厳は考えることのなかにある」 「人間はひと茎の葦にすぎない。自然のなかで最も弱いものである。だが、それは**考える葦**である」
気晴らし	人間はみずからの悲惨さから目を逸らし、気晴らしにはしる
繊細の精神 **幾何学的精神**	柔軟で直感的な芸術的・文学的精神 論理的で厳密な推理による数学的・科学的精神

④ 科学的精神のめばえ

1 科学革命：17～18世紀、**仮説**・**観察**・**実験**・検証という科学的方法が確立

2 三大科学者とニュートン

①三大科学者

a．**コペルニクス**(15～16C　ポーランド)：主著『**天体の回転について**』
- **プトレマイオス**の**天動説**を批判し、**地動説**をとなえる

b．**ケプラー**(16～17C　ドイツ)：惑星が**楕円軌道**を描くことを主張

c．**ガリレイ**(16～17C　イタリア)：主著『**天文対話**』
- **落体の法則**・慣性の法則などを発見し、それを数学的に定式化
  「**自然の書物は数学の言葉で書かれている**」
- 望遠鏡で天体観察→地動説を支持→**宗教裁判**にかけられ自説を撤回

②**ニュートン**(17～18C　イギリス)：主著『**プリンキピア**』
- **万有引力の法則**を発見し、古典力学を大成し、近代物理学の先駆となる

人間の尊厳と科学的精神のめばえ

❶ 人間解放の思想

□ ①中世的人間観からの脱却の先駆となったのは、トスカーナ方言で『神曲』を著した〔1 〕や、『デカメロン』を著した〔2 〕たちである。

□ ②人間性の解放は、個性豊かで才能にあふれた「〔3 〕」という人間像を理想として求めさせることになったが、その代表的な人物が、「モナ＝リザ」で有名な〔4 〕や、「ダヴィデ」像で知られる〔5 〕である。

□ ③ギリシア・ローマの古典研究を通して人間の解放を求めた思想を〔6 〕というが、〔7 〕は『〔8 〕』のなかで、人間はみずからの意志によって「自分の欲するものになれる」と語り、自由意志に人間の尊厳を認めた。

□ ④オランダの〔9 〕は、主著『〔10 〕』においてカトリック教会を痛烈に批判し、その友人でイギリスの〔11 〕は、『〔12 〕』を書いて、私有財産制を否定する理想郷を描いた。

□ ⑤イタリア統一のために〔13 〕は、キリスト教道徳に縛られない支配者像を求めて『〔14 〕』を著し、政治には権謀術数が必要だと説いた。

❷ 宗教的権威からの自由

□ ①宗教改革は、カトリック教会が発行した〔15 〕をヴィッテンベルク大学教授の〔16 〕が、『〔17 〕』によって批判したことが発端となった。

□ ②彼の思想は、主著『〔18 〕』に記されており、その核心はパウロの「人は信仰のみによって義とされる」という〔19 〕説にある。

□ ③そして、彼は信仰の基礎を聖書のみにおく〔20 〕をとなえ、信仰さえあれば誰もが神に仕えるものであるとする〔21 〕を説いた。

□ ④故国フランスを追われた〔22 〕は、『〔23 〕』のなかで、ある人が信仰深い人か信仰心の薄い人か、あるいは善行を積んでいるか積んでいないかといったこととは関係なく、神はあらゆることをあらかじめ定めているという〔24 〕を説いた。

□ ⑤この考えは、各人の職業も神によって与えられたものとする〔25 〕を導き出し、神に与えられた職業に専念する〔26 〕と労働による収入を無駄にしない倹約を美徳とする独自の職業倫理を生み出していった。

□ ⑥19～20世紀のドイツの思想家〔27 〕は、このカルヴィニズムが近代資本主義の精神を形成していると『プロテスタンティズムの倫理と資本主義の精神』のなかで語っている。

❸ 人間の観察

□ ①16～17世紀のフランスを中心に、社会と人間を鋭くみつめ、みずからの生き方を探究した〔28 〕と呼ばれる人たちが登場した。

□ ②宗教戦争の悲惨さを目の当たりにした〔29 〕は、スコラ哲学に代表される独断や理性の傲慢を批判するとともに、宗教的な〔30 〕の大切さを説いた。

□ ③彼のこの態度は、主著『〔31 〕』のなかに書かれた「私は何を知っているか」という意味のフランス語「〔32 〕」という言葉にあらわれており、それは謙虚さとともにソクラテス的無知の知の表現でもあった。

□ ④科学者でもあった〔33 〕は、神と世界と人間に関する断片を『〔34 〕』に書き記した。彼は人間を無限と虚無、偉大と悲惨のあいだを揺れ動く[35]ととらえたが、その不安な状態から逃れるために人は[36]に走るのだという。

□ ⑤また彼によれば、宇宙はみずからの偉大さを自覚できないが、人間はみずからの悲惨さを自覚できるとする。この自覚すなわち「考える」ということのなかに、人間の尊厳があるというのが、「[37]」という言葉の意味である。

□ ⑥彼は人間の精神を論理的な推理により数学的・科学的真理を求める[38]と、柔軟で直感的な芸術的・文学的精神である[39]とにわけている。

4 科学的精神のめばえ

□ ①近代科学は、一般的には経験的事実や先行研究をもとに[40]を立て、それを[41]や観察によって検証する方法をとっている。

□ ②ニュートンやホイヘンス、あるいはラボアジェやリンネなどの数学・天文学・物理学、さらには生物学などの領域において、科学的方法が確立し、知識の体系化が進んだ17世紀の学問上のできごとを[42]という。

□ ③ポーランドの天文学者[43]は、主著『[44]』において、プトレマイオス以来の宇宙観であり、ローマ・カトリック教会が支持している[45]を批判して[46]をとなえた。

□ ④ドイツの天文学者[47]は、地動説の立場に立って、惑星が楕円軌道を描いていることを発見した。

□ ⑤慣性の法則や落体の法則を発見したイタリアの[48]は、望遠鏡によって地動説の正しさを証明し、主著『[49]』にそれを記したが、宗教裁判において異端であるとの判決を受けて、自説を撤回した。

□ ⑥先行する学問を受け継いで[50]の法則を発見したイギリスの[51]は、その力学および光学研究の成果を『[52]』にまとめた。

Summary 近代の合理的精神

① 経験論

1 ベーコン(16～17C　イギリス)：主著『**ノヴム・オルガヌム**(新機関)』『**ニュー・アトランティス**(新大陸)』

①**経験論**：知識の源を理性による論理的推論以前の感覚的経験におく

②**イドラ**(idola)：偶像というラテン語で、先入観(せんにゅうかん)・偏見という意味をもつ

種族(しゅぞく)のイドラ	自然の擬人化(ぎじんか)や錯覚(さっかく)のような人間に特有の先入観
洞窟(どうくつ)のイドラ	性格や好みなどの、各人固有の特性からくる先入観
市場(いちば)のイドラ	言葉のもつ不完全性や誤った言語使用からくる先入観
劇場(げきじょう)のイドラ	権威ある学説や思想を無批判に信じ込むことからくる先入観

③**帰納法**(きのうほう)：実験・観察によって事実を集積して法則を発見する方法

④科学的知識

a．イドラを排して自然を冷静に観察しなければならない

→「**自然は服従することによってでなければ征服されない**」

b．科学的な知識→実生活に有効な知識

「人間の知識と力は合一する」＝「**知は力なり**」

2 その他の経験論哲学者

①**ロック**(17～18C　イギリス)：『**人間知性論**』→人間の心は「**白紙(タブラ・ラサ)**」

②**バークリー**(17～18C　イギリス)：「**存在するとは知覚されることである**」

③**ヒューム**(18C　イギリス)：主著『**人間本性論**』

└心は実体ではなく、単なる「**知覚の束**」にすぎない→**懐疑論**に向かう

② 合理論

1 デカルト(16～17C　フランス)：『**方法序説**(ほうほうじょせつ)』『**省察**(せいさつ／しょう)』『**情念論**(じょうねん)』

①**合理論**：知識の源を感覚的経験以上に人間が先天的にもつ理性の働きにおく

「**良識**(りょうしき)(**ボン・サンス、理性**)はこの世で最も公平に与えられたもの」

②４つの規則→理性の正しい使い方

明証(めいしょう)の規則	明晰(めいせき)判明と理性が判断すること
分析の規則	問題や対象をできるだけ細分化すること
総合の規則	単純なものから複雑なものへと考察を進めること
枚挙(まいきょ)の規則	見落としや誤りがなかったかを検証すること

③哲学の根本原理

明晰判明であること→一切の疑いを入れないこと→そのためにすべてを疑ってみる

→結果、疑いつつある自分は存在しているという事実は疑えない

「**われ思う、ゆえにわれあり(コギト・エルゴ・スム)**」 ＝ 疑いつつある自分は存在している

方法的懐疑(かいぎ) ＝ そのためにすべてを疑ってみる

④**演繹法**：明晰判明な事実から、推論によって個別的真理を導く方法
⑤**物心(心身)二元論**：物体と精神とは異なる原理のもとにある実体だという思想
　a．**物体**：**延長**(空間的な広がり)を属性とする実体
　b．**精神**：**思惟**(考えること)を属性とする実体
　　※**実体**：ほかのものに依存せず、それ自体で独立して存在するもののこと
⑥**機械論的自然観**：精神と切り離された物体は、因果関係によって機械的に生成変化するという思想→**目的論的自然観**と対立する概念
⑦**近代的自我**の成立：自己の存在を神を根拠とせず、意識主体としてとらえる
⑧倫理学：デカルトは懐疑の過程では仮の道徳に従っていた

能動的精神	真偽を判別し正誤を判断する**理性(良識)**
受動的精神	驚き・憎しみ・欲望・喜び・悲しみ・愛の６つの**情念**
高邁の精神	情念を統御する理性的な精神

2 その他の合理論哲学者
①**スピノザ**(17C　オランダ)
└神は無限で永遠な実体で、精神と物体は神の属性であり、「**神即自然**」という**汎神論**を説く→真の認識は「**永遠の相のもとに**」万物を認識することを意味する
②**ライプニッツ**(17～18C　ドイツ)
└万物は究極的な実体である**モナド**(単子)で構成されており、神はモナドによって世界が調和するよう定めている(**予定調和**)

3 実証主義と進化論

1 **実証主義**：神の存在や世界の目的を探る形而上学を否定、実験や観察などの科学的方法を人間や社会の研究に取り入れる
└**コント**(18～19C　フランス)：近代**社会学**の創始者
①人間の知識の発達段階

神学的段階	諸現象を神や超越者によって説明する段階
形而上学的段階	諸現象を抽象的な概念や論理で説明する段階
実証的段階	観察・実験・実証という科学的方法で説明する段階

②**社会有機体説**：社会を生物的な有機体とみなし、その観点から社会を説明しようとする思想
2 **進化論**：生物が下等なものから高等なものへと発展するという理論
①**ダーウィン**(19C　イギリス)：主著『**種の起源**』
└**自然選択**によって生き残った生き物の形質がのちの世代に受け継がれると説く
②**スペンサー**(19～20C　イギリス)
└社会も有機体のように環境に適合できたものだけが存続していくという**社会進化論**を説く

Speed Check! 近代の合理的精神

❶ 経験論

☐ ①イギリスの思想家〔1 〕は、『〔2 〕』のなかで知識の源泉は感覚的経験であると表明し、〔3 〕の先駆者となった。

☐ ②彼は、「偶像」という意味のラテン語〔4 〕を「先入観」の意味として用い、その排除なしには学問は成り立たないと考えた。それには、錯覚や自然の擬人化のように人間に固有の思い込みに由来する〔5 〕、言葉の不完全性や誤った使用に由来する〔6 〕、個人的好みや性格に由来する〔7 〕、そして権威ある学説や思想を無批判に受け入れる〔8 〕の４つがある。

☐ ③科学的知識とは、実験と観察によって事実を集積し、そこから導き出された法則あるいは真理でなければならない。この実験・観察の積み重ねにより法則を導き出す方法が〔9 〕である。

☐ ④「自然とは〔10 〕することによってでなければ征服されない」という言葉は、冷静な観察を求めるものであり、「〔11 〕」という言葉は、そうした態度によって得られた知識こそが、真に自然を征服する力となるという意味である。

☐ ⑤社会契約論でも知られた〔12 〕は、『人間知性論』において、人間の精神は生まれたときには「〔13 〕」であり、知識はその紙に書きこまれていく経験だと考えた。

☐ ⑥イギリスの〔14 〕は、「存在するとは知覚されることである」ととらえ、〔15 〕は自我あるいは心さえも単なる「知覚の束」だと考えた。

❷ 合理論

☐ ①知識の源泉を、人間が生まれついてもっている理性的思考におく立場を〔16 〕という。この立場の代表的思想家はフランスの〔17 〕である。彼は理性のことを〔18 〕と呼び、それは「この世で最も公平に与えられたもの」と、その著作『〔19 〕』のなかで語っている。

☐ ②だれもが公平にわけもつ理性を正しく用いるには、４つの規則がある。１つは事実が明晰判明である「〔20 〕の規則」。２つ目は問題をできるだけ細かくわける「分析の規則」。次は単純なものから複雑なものへと考察する「〔21 〕の規則」。そして見落としや間違いがないかを検証する「枚挙の規則」である。

☐ ③知識や真理は、一切の疑いもはさまない明晰判明なものでなければならない。そのためには、一度、すべてを疑ってみなければならない。この疑いは真理を求める方法として〔22 〕という。

☐ ④そして、すべてを疑いつくしてもそのように疑っているという事実だけは疑いえず、したがって、いま疑いつつある自分は疑いもなく存在している。このことを彼は「〔23 〕」と表現し、これを哲学の第一原理とした。

☐ ⑤学問は明晰判明な真理を第一原理とし、それを出発点として個別的な真理を導いていくが、この学問の方法が〔24 〕である。

☐ ⑥「コギト」にたどり着いたデカルトは、物体と精神とは異なる原理からなる２つの〔25 〕であると考え、物体の属性を〔26 〕、精神の属性を〔27 〕ととらえた。このように、世界を物体と精神の２つの実体・原理によって説明する立場を〔28 〕という。

☐ ⑦精神と分離された物体は、機械的な因果関係によってのみ生成変化を繰り返すと考える〔29 〕的自然観をもたらし、キリスト教のように世界は一定の目的をもって動いているとする〔30 〕的自然観から脱することになった。

☐ ⑧キリスト教では、人間は「神の似姿」をもつものとしてとらえられてきたが、デカルトの「コギト」は、神を根拠とせず、人間を意識としてとらえた。それは〔31 〕として新しい人間観を提示することになった。

☐ ⑨デカルトは理性(良識)を能動的精神、驚きや憎しみなどの〔32 〕を受動的精神と呼び、これを理性的に統御する精神を〔33 〕と呼んで評価した。

☐ ⑩オランダの哲学者〔34 〕は、デカルトの二元論を批判し、精神も物体も無限の可能性をもつ神の現れ、すなわち神即〔35 〕とする〔36 〕を展開し、認識も「永遠の相のもと」での認識となると説いた。

☐ ⑪ドイツの哲学者〔37 〕は、その著書『単子論』のなかで、宇宙は何らかの精神作用をもつ実体(〔38 〕)によって形成されていると考えた。

3 実証主義と進化論

☐ ①〔39 〕とは、神の存在証明や世界の目的といった形而上学的な学問を排し、人間や社会の事象に実験や観察といった方法を取り入れようとする立場で、フランスの思想家〔40 〕によって提唱された。彼は人間の知識の発達段階を神学的段階・形而上学的段階・〔41 〕にわけるとともに、社会を生物のような有機体とみなす〔42 〕をとなえた。

☐ ②生物は環境に適応できた種だけが生きのびるという〔43 〕を示し、それによってすぐれた形質が残されていくという〔44 〕を説いたのは、イギリスの博物学者〔45 〕である。

☐ ③社会有機体説と進化論を組みあわせ、社会進化論を説いたのはイギリスの思想家〔46 〕である。

Summary 近代民主主義思想と人権

1 自然法思想と社会契約説

1 自然法思想

①**自然法**：人間の理性が導く普遍(ふへん)的な理法→人為(じんい)的な**実定法**の理論的な基礎

②思想家：グロティウス(17C　オランダ)：主著『**戦争と平和の法**』
└自然法・国際法の父

2 社会契約説

①歴史的意義：**絶対王政**の理論である**王権神授説**(おうけんしんじゅせつ)に対抗し、**市民革命**の理論となる

②基本概念

自然状態	各思想家によって想定された、国家・社会が成立する以前の状態
自然権	人間が生まれついてもつ普遍的な権利で、今日の基本的人権にあたる

2 ホッブズの思想

ホッブズ(16~17C　イギリス)：主著『リヴァイアサン』

1 自然状態から社会契約へ

①自然権：人間が自然状態でもつ**自己保存の欲求**→自然状態では自己保存のための争いが不可避(ふかひ)的に生じる→「**万人の万人に対する闘争**」

②自然法：平和を求める理性の声は「自然法」として、契約による国家の建設を要請

2 国家の形態

契約に際して各人は、国家に自然権を**譲渡**(じょうと)しなければならない→国家は強大な権力をもつ怪物「**リヴァイアサン**」となり、専制君主国家となる

3 ロックの思想

ロック(17~18C　イギリス)：主著『**統治二論**(**市民政府二論**)』

1 自然状態から社会契約へ

①自然法：自然状態でも自然法による支配のもと、人々は自由で平等な状態にある

②自然権：「人間は誰でも**生命・所有(財産)・自由**の権利をもつ」

2 国家の形態

①**社会契約**：自然権を守るために、生来(せいらい)の権利を放棄(ほうき)して契約によって国家を形成し、その国家に権利を「**信託**(しんたく)(**委託**(いたく))」する

②**権力分立**：君主は執行(しっこう)(行政)権・連合(外交)権をもち、立法権は議会がもつ
→憲法によって君主の権力を制限する立憲(りっけん)君主国家を主張

↓

人民主権：国民の代表で構成される議会が君主の権力を制限する

3 抵抗権(ていこうけん)(革命権)

国家が権利を侵害したときには、抵抗することも国民の権利→**名誉**(めいよ)**革命**を支持、**アメリカ独立宣言**や**フランス人権宣言**にも影響

④ フランス啓蒙思想とルソー

1 啓蒙思想：無知に由来する因習や偏見などを、理性の光によって打破しようとする思想

①フランス啓蒙思想：旧体制(アンシャン・レジーム)の矛盾を批判した思想

②思想家たち

a．**モンテスキュー**(17～18C)：主著『**法の精神**』
　└イギリスの議会制度から**三権分立**(司法権・立法権・行政権)を学ぶ

b．**ヴォルテール**(17～18C)：主著『**哲学書簡**』『**寛容論**』
　└イギリスの経験論や自然科学的知識の刺激を受け、啓蒙活動をおこなう
　宗教的偏見や教会の横暴を批判し、**宗教的寛容**を説く

c．**百科全書派**：合理的・進歩的な内容をもつ、啓蒙期の学問の集大成である『**百科全書**』の編纂に関わった人々
　└**ディドロ**(18C)：『百科全書』編纂の中心人物→唯物論的立場から無神論を説いて投獄される

2 ルソー(18C　フランス)：主著『**社会契約論**』『**人間不平等起源論**』『**エミール**』

①自然状態と文明

a．自然状態：素朴な感情と知識をもち、**自己愛**と**あわれみ(思いやり)**に溢れた自由で平等な状態

b．文明社会：私有財産制度の開始とともに、不平等と不自由が生じる
　└「**自然に帰れ**」とさけぶ

②社会契約

a．**自然的自由**の喪失を、契約によって**市民的自由**として回復する

b．契約は共同体全体の福祉をめざす意志である**一般意志**にもとづきおこなわれる
↓
個人の欲望をめざす**特殊意志**の総和である**全体意志**とは根本的に異なる

③国家の形態

a．**人民主権**：一般意志は分割したり譲渡したりできないので、国民の意志が国家の意志となる

b．**直接民主制**：国民が直接政治に参加する直接民主国家の形態をとる

⑤ 現代の社会契約説

ロールズ(20～21C　アメリカ)：主著『**正義論**』

公正としての正義：自由と平等を実現することが正義だとする考え
└**無知のヴェール**がかけられた**原初状態**を想定し構成員の合意による正義を説く

a．第一原理　**平等な自由の原理**：全員が基本的な自由を保障されること

b．第二原理　**公正な機会均等の原理**：社会参加や競争の機会は均等であること
　格差原理：不平等は不遇な人々の生活を改善するものであること

Speed Check!

近代民主主義思想と人権

❶ 自然法思想と社会契約説

□ ①現実に施行されている法である〔1 〕の背後には、人間の理性によって導かれた普遍的な理法である〔2 〕が、理念として存在している。この理法を近代的なものとして示したのは、三十年戦争の悲惨さから『〔3 〕』を著したオランダの〔4 〕で、「自然法の父」や「国際法の父」といわれている。

□ ②〔5 〕とは、個人の自由意志にもとづく契約によって国家の成立を説明しようとする理論で、絶対王政の理論である〔6 〕に対抗し、市民革命の理論的根拠ともなっている。この思想的特徴は、人間が国家を形成する以前の〔7 〕を想定し、その状態であっても人間は生まれながらにして〔8 〕をもつとした点にある。

❷ ホッブズの思想

□ ①ピューリタン革命を経験した〔9 〕は、政治と一定の距離をとりながら、国家成立の経緯を理論的に説明しようとして『〔10 〕』を著した。

□ ②彼は、人間は自然状態にあっても誰でも〔11 〕の欲求と自己実現の欲求を権利としてもっているが、心身の機能において平等に造られているため、「〔12 〕」あるいは「人間は人間に対して狼」という状態になる、と考えた。

□ ③こうした状態のなかで平和を命じる自然法に従って、人々は契約を結んで国家を成立させるが、その際、各人は権利を国家に〔13 〕しなければならない。それゆえ、彼の考える国家は『旧約聖書』の怪物〔14 〕となり、絶大な権力をもつ専制君主国家とならざるをえない。

❸ ロックの思想

□ ①ピューリタン革命で議会派として従軍し、王政復古後に亡命を余儀なくされた〔15 〕は、帰国後『〔16 〕』を著して名誉革命を支持した。

□ ②彼は、自然状態を人々が自由と平等のうちに生命・〔17 〕・自由の権利をもつ平和な状態と考えたが、その権利を守るために契約によって共同体を構成し、その共同体に権利を〔18 〕することで、国家を成立させると考えた。そして、もし国家が権利を侵害するなら、国民は国家から権力を奪い、本来の権利を回復する〔19 〕あるいは革命権も権利であると考えた。

□ ③国家は国民の権利を保障することを任務とするため、３つの権力のうち〔20 〕は国民の代表で構成される議会に属し、執行権と連合権は国王に属する方が望ましいと考えた彼は、立憲君主国家が理想の政治形態だと考えた。

❹ フランス啓蒙思想とルソー

(1) フランス啓蒙思想

☐ ①イギリスのロックに始まるとされる〔21 〕は、理性に絶大な信頼をおき、理性によって無知に由来する因習や偏見を打破しようとする思想潮流である。

☐ ②フランスの〔22 〕は絶対王政を鋭く批判するとともに、ロックの権力分立の思想を、主著『〔23 〕』のなかで立法権・司法権・行政権の〔24 〕の思想にまで高め、現代にまで大きな影響を与えている。

☐ ③フランス啓蒙思想の代表者といわれる〔25 〕は、旧体制を批判して『〔26 〕』を著し、欧州各国に啓蒙専制君主を生み出す契機ともなった。

☐ ④18世紀後半、〔27 〕やダランベールたちによって刊行された『〔28 〕』は、幅広い学問と技術の集大成であるとともに、フランスの政治・社会への批判をも含んでいた。

(2) ルソーの思想

☐ ①旧体制のなかに生まれ、社会矛盾に疑問を抱いた〔29 〕は、出世作『〔30 〕』のなかで、自然状態の人間は自己愛と〔31 〕にあふれた自由で平等な存在であったが、私有財産制度の出現とともに不自由と不平等が生まれたと考えた。彼が教育書『〔32 〕』のなかで「〔33 〕」とさけんだのは、この自然状態を理想と考えたからである。

☐ ②文明社会のなかでは自然状態の自由すなわち〔34 〕は得ることはできないと考えた彼は、契約によって〔35 〕を獲得する以外に方法はないと考えた。

☐ ③各人の自由意志によって成立した共同体は、それゆえ自己と一体化する。しかもその意志は、つねに共同体全体の福祉をめざすものでなければならない。彼はその意志を〔36 〕と呼び、個人的欲望に基礎をおく〔37 〕の総和である〔38 〕とは根本的に異なるものと考えた。この考えは彼の著書『〔39 〕』のなかで語られており、国家の意志決定権はすべて国民にある人民主権と結びつき、国民が直接政治に参加する〔40 〕を理想の政治形態とするものであった。

❺ 現代の社会契約説

☐ ①現代アメリカで新たな社会契約説を説いた〔41 〕は、自由な国であるアメリカ合衆国が不平等な社会現象を生み出していることを憂慮して『〔42 〕』を著した。

☐ ②彼は、まず原初状態という社会契約説の思想を借り、各人が自分も他人も何ものなのかを知らない「〔43 〕」のなかで「〔44 〕としての正義」を説く。

☐ ③そして、全員が基本的な自由を保障されているという「平等な自由の原理」の上に立って、社会参加や競争の機会は平等であるという「〔45 〕の原理」、およびもっとも恵まれない人々の生活の改善につながる社会的不平等は許されるという「〔46 〕原理」を提唱した。

Summary 近代市民社会の倫理

① ドイツ観念論

1 カント(18～19C)：主著**『純粋理性批判』『実践理性批判』『判断力批判』**

①**批判哲学**：認識は対象をとらえる**感性**とそれを**概念**において把握する**悟性**から成り立つとして、経験論と合理論を批判的に統合

②**コペルニクス的転回**：認識の対象は主観によって構成される

③道徳論

a．**実践理性**：善悪の判断や行為に関わる能力↔**理論理性**：事物の認識に関わる能力

b．**道徳法則**：実践理性によって打ち立てられた普遍性をもつ行為の法則

ア．**定言命法**：ただ無条件に「…せよ」と命じる道徳法則の形式

イ．**仮言命法**：「～ならば、…せよ」という条件つきの命令で、道徳性はもたない

「あなたの意志の格率が、つねに同時に普遍的立法の原理となるように行為せよ」

c．自律と自由：**自律**とは理性が自己立法した道徳法則に自発的に従うことで、自律的であるがゆえに、人間は**自由**なのだといえる

d．義務と善意志：道徳法則への尊敬の念から行為しようとすることが**義務**であり、この義務に従って善をなそうとする意志が**善意志**である
→行為の結果より動機を重んじる**動機説**の立場をとる

e．**人格**：自律的な主体のことで、人間は人格として尊厳をもつと考える

「あなたの人格およびほかのすべての人の人格のうちにある人間性を、つねに同時に目的として扱い、けっして単なる手段としてのみ扱わないように行為せよ」

f．**目的の王国**：各人がたがいに人格を目的として尊重する共同体のこと
→**『永遠平和のために』**において、国際平和機関の設立を求める

2 ヘーゲル(18～19C)：主著**『精神現象学』『法の哲学』**

①**弁証法**：矛盾と対立を契機として変化・発展する思考および存在の論理

正(定立、テーゼ)	1つの立場を肯定する段階
反(反定立、アンチテーゼ)	正を否定する段階
合(総合、ジンテーゼ)	正と反とを高次の立場から総合(**止揚**)する段階

②**精神(理性)**：世界と歴史のなかでみずからの本質である**自由**を実現していく
- **絶対精神**：世界と歴史を包括する絶対者
- **世界精神**：歴史の主体として、歴史のなかで自由を実現していく精神

③倫理学：精神は法・道徳・人倫の三段階を経て、人間社会に自由を実現していく

a．**道徳**：自律的・主観的な内的規範
b．**法**：強制的・客観的な外的規範
→対立する両者を止揚(総合)して人倫が成立する

c．**人倫**
- **家族**：自然な人間関係で愛の充足態
- **市民社会**：契約で成り立つ**欲望の体系**
→**国家**が両者を総合する

3 その他のドイツ観念論哲学者

①**フィヒテ**(18～19C):カントの二元論を絶対我によって一元論に統一

②**シェリング**(18～19C):自然と精神を包括する絶対者による統一を説く

2 功利主義の思想

1 アダム=スミス(18C　イギリス):主著『**諸国民の富(国富論)**』

①利己心にもとづく営利行動は、「**見えざる手**」により社会全体の幸福に結びつく

②利己的行為を規制するのは第三者の**共感**

2 ベンサム(18～19C　イギリス):主著『**道徳および立法の諸原理序説**』

①**功利の原理**:**快楽**と**苦痛**を善悪の基準とし、個人と社会の幸福の調和をはかる

└「**最大多数の最大幸福**」

②**量的功利主義**:強さや範囲などの快楽の基準によって**快楽計算**が可能だとする考え

③**制裁(サンクション)**:快苦の源泉が同時に人間の行動に与える拘束

└**物理(自然)的制裁・法律(政治)的制裁・道徳的制裁・宗教的制裁**

3 J. S. ミル(19C　イギリス):主著『**功利主義**』『**自由論**』

①**質的功利主義**:快楽に質的な差を認め、精神的快楽を重視

「**満足した豚であるよりは、不満足な人間である方がよく、満足した愚か者であるよりは、不満足なソクラテスである方がよい**」

②**黄金律**:イエスの「自分を愛するように、あなたの隣人を愛しなさい」を理想とする

③**内的制裁**:道徳的義務に反したときに感じる**良心**の痛みを重視

④自由論:他人に危害を加えない限り自由に幸福を追求できる=**他者危害の原則**

3 プラグマティズムの思想

1 特徴

自由・独立の気質を特質とする**フロンティア精神**
博愛・勤勉・倹約を美徳とするピューリタン精神
実生活に密着したイギリス経験論の思想

→を核としながら行動(**プラグマ**)を重視する思想を生み出す

2 思想

①**パース**(19～20C　アメリカ)

└旧来の形而上学を批判する**形而上学クラブ**を作り、概念の明確化をはかる

②**ジェームズ**(19～20C　アメリカ):主著『**プラグマティズム**』

└生活上の問題の解決に有効な知識こそが真理といえる→**真理の有用性**

③**デューイ**(19～20C　アメリカ):主著『**民主主義と教育**』『**哲学の改造**』

a. **道具主義**:知識や理論は、具体的生活のなかで生起する問題を解決していくための道具であるという考え

b. **創造的知性(実験的知性)**:社会や生活の改善に方向性を与える知性

c. **問題解決学習**:教育活動とは、生活のなかの問題を解決する能力の開発である

Speed Check! 近代市民社会の倫理

❶ ドイツ観念論

☐ ①『〔[1] 〕』のなかで理性そのものの批判と検討を通して、経験論と合理論の統合をはかった〔[2] 〕の哲学は〔[3] 〕と呼ばれている。その認識論は、認識は主観が対象を構成することで成立すると考え、それを「〔[4] 〕」と呼んだ。

☐ ②彼は『〔[5] 〕』で道徳論を展開した。それは自己立法した普遍的な行為の法則である〔[6] 〕は、「為すべし」という無条件の命令である〔[7] 〕となり、「あなたの意志の〔[8] 〕が、つねに同時に普遍的立法の原理となるように行為せよ」という命題を導く。そして、道徳法則が無条件の命令で成り立つということは、「～ならば、…せよ」という条件つきの〔[9] 〕による行為は道徳的でないことになる、という考えである。

☐ ③自己立法した法則にみずからが従うことを〔[10] 〕というが、それは自己以外のものに拘束されないという意味で自由ともいえる。そして、この自律的で自由な主体を彼は〔[11] 〕と呼び、人間の尊厳性の基礎とした。それは、人格は「つねに同時に〔[12] 〕」として扱われなければならず、決して「単なる〔[13] 〕としてのみ」扱われてはならないという主張となる。

☐ ④行為の結果を考えず、道徳法則への尊敬の念から行為することは〔[14] 〕であり、この義務をはたそうとする意志が〔[15] 〕であって、彼の道徳は結果よりも〔[16] 〕を重んじる立場に立つ。

☐ ⑤かくして、各人がたがいの人間性を目的とする理想の社会は「〔[17] 〕」と呼ばれるが、彼はそれを国際社会にまで広げて、その著書『〔[18] 〕』で国際平和機関の設立を提唱している。

☐ ⑥ドイツ観念論の完成者〔[19] 〕は、主著『〔[20] 〕』において、自然と世界は〔[21] 〕を本質とする最高原理である〔[22] 〕によって動かされているという。

☐ ⑦彼によれば、世界を動かしている精神は法と〔[23] 〕の対立を〔[24] 〕において総合するが、それも「愛の充足態」である〔[25] 〕と「欲望の体系」である〔[26] 〕の対立を〔[27] 〕において総合することで、自由を実現するという。このように、矛盾と対立をより高い立場から総合すなわち〔[28] 〕する、変化と発展の法則をヘーゲルは〔[29] 〕と呼んでいる。

❷ 功利主義の思想

☐ ①功利主義の先駆となった古典派経済学の〔[30] 〕は、『〔[31] 〕』のなかで人間の利己心を肯定し、利己的な利潤追求も「〔[32] 〕」によって調整され、公平な第三者の〔[33] 〕が利己的行為に規制をかけていると語っている。

☐ ②功利主義の体系化をはかった〔[34] 〕は、善悪の基準を〔[35] 〕と苦痛におき、これによって個人的幸福と社会的福祉の調和をめざすことが〔[36] 〕の原理だと『〔[37] 〕』のなかで語っている。

☐ ③彼は、快楽を量的に計算できるという〔[38] 〕の立場に立ったが、それはより多くの人により大きな幸福を願う「〔[39] 〕」という言葉として示されている。

☐ ④また、快楽にはさまざまなものがあるが、それも行きすぎによる限界をもっている。この限界が人に苦痛という〔[40] 〕をもたらすことになる。彼はそれを〔[41] 〕・法律(政治)

的・道徳的・[42]なものにわけ、政治的なものを重視した。

☐ ⑤ベンサムの後継者[43]は、その著書『[44]』において、快楽に質的な差を認めて精神的な快楽を重視し、「満足した豚であるよりは、不満足な[45]である方がよく、満足した愚か者であるよりは、不満足な[46]である方がよい」と語っている。そして、「自分を愛するように、あなたの[47]を愛しなさい」というイエスの[48]を功利主義の理想とし、[49]の痛みを内的制裁とした。

☐ ⑥また彼は著書『[50]』において、多数の力で個性を圧迫する民主主義の弊害を指摘し、他者に危害をおよぼさない限り自由に幸福を追求することができるという「[51]」を主張した。

3 プラグマティズムの思想

☐ ①プラグマティズムは経験論の系譜を受け継ぎ、アメリカ独立時の[52]精神とカルヴィニズムを土台とする[53]精神とを基礎として生まれた思想で、「[54]」というギリシア語は「行動」を意味している。

☐ ②プラグマティズムの先駆となった[55]は、旧来の形而上学を批判するために「[56]」を作り、概念や観念のもつ役割の明確化をおこなった。

☐ ③その考えを受け継ぎつつ、理論や学問は生活上の困難や問題の解決に有効であるとき、はじめて真理の名に値するという「[57]」をとなえたのは、『[58]』という著作でプラグマティズムという言葉を使用した[59]であった。

☐ ④これら二者の思想を継承し、『[60]』や『哲学の改造』によって、プラグマティズムを大成したのが[61]である。

☐ ⑤彼はジェームズの思想を引き継いで、知識や学問は生活上の困難を克服するための「[62]」だとする[63]をとなえ、学問のための学問を批判した。そして、生活をより善いものへと改善し、未来を展望していくのに方向性を与える知性を[64]あるいは実験的知性と呼んで重視した。

☐ ⑥このように考えた彼は、教育も単なる知識の詰め込みではなく、「なすことによって学ぶ」ことが大切だと考えた。それは生活のなかに生起する問題を解決する能力を育てることを目的とするもので、彼はそれを[65]と呼んだ。

Summary 人間性の回復を求めて

1 社会主義の思想

1 社会主義の登場：産業革命→**資本主義**社会の登場→私有財産制度と自由競争による貧富差の拡大→社会改革を求める思想が登場

2 空想的社会主義：労働者の窮状(きゅうじょう)を人道的立場から改善しようとする立場

①**オーウェン**(18～19C　イギリス)：実業家・労働運動の指導者
└ニューラナーク紡績(ぼうせき)工場やアメリカの**ニュー・ハーモニー村**で理想社会を実験

②**サン＝シモン**(18～19C　フランス)：「**産業者**」の協同による理想社会をめざす

③**フーリエ**(18～19C　フランス)：農村的共同社会**ファランジュ**を提唱

3 科学的社会主義：資本主義の科学的分析によって、社会革命の必然性を説く

①思想家　**マルクス**(19C　ドイツ)：**『資本論』『経済学・哲学草稿(そうこう)』**
エンゲルス(19C　ドイツ)：**『共産党宣言』**(共著)　**『空想から科学へ』**

②マルクス主義思想

労働の疎外(そがい)	**生産物からの疎外、労働からの疎外、類的存在からの疎外、人間の人間からの疎外**
唯物史観(ゆいぶつしかん)(史的唯物論(してきゆいぶつろん))	社会は**生産力**と**生産関係**という**下部構造**(土台)の上に政治・教育制度などの**上部構造**が構築される
階級闘争(かいきゅうとうそう)	歴史は**生産手段**の所有者と、**労働力**の提供者の闘いの歴史である

4 マルクス主義の修正と継承

①修正社会主義：議会制民主主義による漸進(ぜんしん)的な社会主義をめざす思想

a．**ベルンシュタイン**(19～20C　ドイツ)
└**プロレタリア独裁**によらない社会主義＝**社会民主主義**をめざす→ドイツ社会民主党に影響

b．**フェビアン社会主義**
└**フェビアン協会**を中心に、社会保障制度の充実による社会主義をめざす→イギリス労働党に影響

思想家：**ウェッブ夫妻**(19～20C　イギリス)
バーナード＝ショウ(19～20C　イギリス)

②**マルクス・レーニン主義**

a．**レーニン**(19～20C　ロシア)：マルクスの理論にもとづき、ロシア革命を指導

b．**毛沢東(もうたくとう)**(19～20C　中国)：新民主主義革命を提唱

2 実存主義の思想

1 背景：資本主義の発達→科学と組織の時代が到来→人間の没個性化と人間疎外の発生
実存(じつぞん)主義：人間に**主体性**を取り戻し、個別的・具体的な自分＝**実存**のあり方を探究

2 実存主義の先駆

①**キルケゴール**(19C　デンマーク)：主著**『死にいたる病』『あれか、これか』『不安の概念』**

a．**主体的真理**：「**私にとって真理であるような真理**」を求める
b．**絶望**：神との関係を見失って、自分が何者であるかがわからない状態
c．**実存の三段階**：

美的実存	享楽と欲望のままに生きる段階
倫理的実存	享楽の人生ではなく、良心的な生き方を求めようとする段階
宗教的実存	享楽的・良心的人生に絶望し、罪の自覚をもって「**単独者**」として神の前に立ち、信仰へと飛躍しようとする段階

②**ニーチェ**（19C　ドイツ）：主著『**ツァラトゥストラはこう語った**』『**力への意志**』『**悲劇の誕生**』
a．現代は価値を見失った**ニヒリズム**が充満→原因は弱者の怨念（**ルサンチマン**）によって成り立つ**奴隷道徳**としてのキリスト教である
b．「**神は死んだ**」としてキリスト教的価値を否定→神なき世界は**永劫回帰**のうちにある→それでもなお**運命愛**をもってみずからの人生を引き受ける必要がある
c．人間の生は本来、自己を高め価値を創造する**力への意志**をもっている→獅子の精神と小児の心をもって、運命愛と価値創造に生きる**超人**こそが理想である

3 現代の実存主義
①**ヤスパース**（19～20C　ドイツ）：主著『**理性と実存**』『**哲学**』
a．**限界状況**：人間を取り巻く**死・苦しみ・争い・罪**といった不可避の状況のこと
人間はこの状況のなかで**超越者**（**包括者**）を感じ取ることができる
b．**実存的交わり**：限界状況のなかで、「**愛しながらの戦い**」のうちに、超越者のもとへ立ち帰ろうとする実存相互の交わり
②**現象学**：**フッサール**（19～20C　ドイツ）は、事実の**判断中止**（**エポケー**）によって、現象をあるがままに受け入れることを提唱→実存哲学に影響
③**ハイデッガー**（19～20C　ドイツ）：主著『**存在と時間**』
a．人間は存在の意味を問うことのできる存在＝**現存在**（**ダーザイン**）→ほかの存在者と関係しつつ生きる**世界－内－存在**でもある
b．「**ひと**」（**ダス・マン**）：本来的自己の了解を怠り（**存在忘却**）、日常性に埋没した人々
c．みずからが**死への存在**であることを自覚し、良心の声に耳を傾けねばならない
④**サルトル**（20C　フランス）：主著『**存在と無**』『**実存主義はヒューマニズムである**』
a．「**実存は本質に先立つ**」：人間はまず存在し、そのあとにみずからを作っていく
b．自分を作る**自由**は、自己の選択と決断を必要とし、それが他者への**責任**を生み出す→「**人間は自由の刑に処せられている**」
c．**社会参加**（**アンガージュマン**）：自分を社会に拘束し、参加させていく必要
⑤その他の実存主義者
a．**ボーヴォワール**（20C　フランス）：『**第二の性**』→ジェンダー論で女性解放を訴え
b．**カミュ**（20C　フランス）：『**シーシュポスの神話**』→人生の**不条理**を直視
c．**メルロ＝ポンティ**（20C　フランス）：**身体**を思想として正面からとらえる

Speed Check! 人間性の回復を求めて

1 社会主義の思想

(1) 空想的社会主義

☐ ①初期資本主義社会において、困窮する労働者のために人道的立場からの救援をおこなったのは、[1　]あるいはユートピア社会主義とよばれる思想をもつ人々であった。

☐ ②イギリスの[2　]はアメリカにニュー・ハーモニー村という理想の共同体を建設し、フランスの[3　]は「産業者」たちの協同による社会をめざし、同じくフランスの[4　]は農村的共同社会([5　])を提唱して、それぞれの理想の実現に向かったが、ともに失敗に終わった。

(2) 科学的社会主義

☐ ①『[6　]』のなかで資本主義経済の構造を分析した[7　]は、生涯の盟友[8　]とともに『[9　]』を著し、世界の労働者に団結を呼びかけた。

☐ ②彼らの理論によると、資本主義社会では労働者は働けば働くほど人間性を喪失する[10　]という状況におちいるという。

☐ ③[11　]とは、世界はみずから発展する物質の自己展開ととらえる唯物論的弁証法を歴史にあてはめた理論で、歴史と社会は[12　]と生産力という[13　]あるいは土台を基礎とし、その上に政治制度や教育制度などの[14　]が構築されているという考えによって成り立っている。

☐ ④そして、現実の歴史は[15　]の所有者である支配者と労働力の提供者である被支配者との[16　]闘争の歴史だと考えた。

(3) マルクス主義の継承と修正

☐ ①ドイツ社会民主党の理論的指導者[17　]は、議会制度を通して漸進的に社会主義を実現する[18　]の路線をとなえ、マルクス主義に反対した。

☐ ②[19　]夫妻や劇作家[20　]を中心に形成された[21　]は、議会を通して資本主義社会の弊害を修正しながら、ゆっくりと社会主義を実現しようとした。彼らの社会主義は[22　]と呼ばれ、イギリス労働党の先駆となった。

☐ ③ロシア革命を指導した[23　]も、中国の実情にあわせて独自の革命理論を構築した[24　]も、ともにマルクスの革命理論の支持者であった。

2 実存主義の思想

(1) 実存主義の先駆

☐ ①資本主義社会の登場は、人間の没個性化や画一化、さらには人間疎外を生み出したが、実存主義はそうした状況にある個別的・具体的な人間を[25　]と呼び、人間に[26　]を取り戻そうとする思想潮流である。

☐ ②『[27　]』のなかで、あれもこれも説明しつくそうとするヘーゲル哲学を批判した[28　]は、「私にとって真理であるような真理」すなわち[29　]を求めた。

☐ ③『[30　]』のなかで人が神との関係を見失っている状態を[31　]と呼んだ彼は、真の自己を取り戻すためには享楽と欲望のままに生きる[32　]、良心的に生きようとする[33　]の各段階を経て、みずからが罪であることを自覚し、神の前に一人立つ[34　]として生きる[35]の段階に至らねばならないと考えた。

□ ④現代を価値の喪失した[36]の時代だとみた[37]は、その原因を弱者の怨念すなわち[38]によって作られたキリスト教にあるとし、その道徳を[39]と呼んだ。そして、「[40]」と宣言してキリスト教的価値を否定した彼は、神なき世界は始めも終わりもない[41]の内にあるが、それでもなお自己の人生を引き受ける情熱すなわち[42]をもたねばならないと説いた。

□ ⑤かくして、運命に対する情熱と創造に向かう強い意志である[43]をもちつつ、つねに自己を超え出ていこうとする人間を、彼は[44]と呼んで理想的人間と考えた。

(2) 現代の実存主義

□ ①『理性と実存』の著者[45]は、人間は何らかの状況を生きているが、死や[46]や争いや罪といった状況は避けることができないとした。彼はこの不可避の状況を[47]と呼び、この状況のなかで「愛しながらの戦い」を特質とした交わり、すなわち[48]によって超越者を感じ取り、実存としての自己を開明するのだという。

□ ②眼前の現実に対する判断中止(エポケー)を通して、現実をありのままに受け入れる[49]を提唱した[50]は、現代実存主義に大きな影響を与えた。

□ ③『[51]』の著者である[52]は、人間をみずからの存在の意味を問うことができるという意味で[53]と呼んだが、その人間はほかの存在者と関係しながら生きる[54]というあり方を特徴としてもっていると考えた。

□ ④しかし、多くの現代人は本来的な自己のあり方を了解しない[55]の状態にあり、日常性のなかに埋没した「[56]」というあり方に堕(だ)している。この状態を脱するためには、みずからは「[57]」であり、有限な存在であるということを自覚し、良心の声に耳を傾けて生きることだ、と彼は語っている。

□ ⑤人間はまず存在し、その後あるべき自分を作っていくのだと考えた[58]は、それを「[59]」と表現した。そして、自由な自己の選択は自分を取り巻く人々に対する責任を生み出す。その意味で「人間は[60]に処せられている」と彼は言う。そして、自己形成は自分を取り巻く社会にみずからを拘束することなしにはありえない。これを彼は社会参加すなわち[61]と呼んだ。

□ ⑥サルトルのパートナー[62]は『第二の性』でジェンダー論を展開し、サルトルの論敵[63]は世界を不条理ととらえ、それをたくましく生きることを提唱し、[64]は知覚としての身体を通して世界を理解しようとした。

Summary ヒューマニズムと現代への批判

① 現代のヒューマニズム

1 人類愛と生命への畏敬

①シュヴァイツァー(19～20C　フランス)：主著『**水と原生林のはざまで**』『**文化と倫理**』
└生命あるものすべてに対する神の愛と**生命への畏敬**(いけい)を説く

②マザー＝テレサ(20C　旧ユーゴ)：インドのコルカタで孤児・貧者・病者を救済
→罪とは他者の悲しみに**無関心**であること

2 平和と非暴力主義

①ガンディー(19～20C　インド)：**自治独立**(スワラージ)・**国産品愛用**(スワデーシ)を掲げて独立運動を行う
└サティヤーグラハ(**真理の把握**(はあく))：根源的真理を把握し民族独立をめざす
　└アヒンサー(**不殺生**(ふせっしょう))：すべての生き物を傷つけない→**非暴力・不服従**

②キング牧師(20C　アメリカ)：「**私には夢がある**」
└愛と非暴力による黒人解放運動＝**公民権運動**を展開

② 現代文明への批判と新しい知性

1 フランクフルト学派からの批判

└**批判理論**をもとに、ナチズムや既成の権威および人間の管理化を批判

①ホルクハイマー(19～20C　ドイツ)：『**啓蒙**(けいもう)**の弁証法**(べんしょうほう)』(アドルノとの共著)
└近代理性は批判能力を失い、科学・技術の道具(**道具的理性**)になっている

②アドルノ(20C　ドイツ)：『権威主義的パーソナリティ』(フロムとの共著)
└ファシズムの温床(おんしょう)は大衆のなかにある、強者に卑屈(ひくつ)で弱者に傲慢(ごうまん)となる**権威主義的パーソナリティ**にあると指摘

③フロム(20C　アメリカ)：主著『**自由からの逃走**』
└自由を獲得した現代人は、不安と孤独(こどく)からみずから拘束を求めていると指摘

④ハーバーマス(20～21C　ドイツ)：主著『**公共性の構造転換**』『**コミュニケーション的行為の理論**』
└社会規範成立には政治や経済による自動調整的なシステム合理性ではなく、成員の十分な**討議**と**合意**による**コミュニケーション的合理性**が必要
　└権威や権力が介入しない**公共圏**(けん)と**対話的理性**が重要

2 構造主義からの批判

└人間は理性的活動以前に、社会組織などの**構造**の影響を無意識に受けるという思想

①ソシュール(19～20C　スイス)：個人の発話行為(はつわこうい)(**パロール**)は、その社会がもつ言語体系(**ラング**)によって規定されていると指摘

②レヴィ＝ストロース(20～21C　フランス)：主著『**野生の思考**』『**悲しき熱帯**』
├文明社会は抽象(ちゅうしょう)的思考を特徴とし、未開社会は具体的な思考(**野生の思考**)を特徴とするが、いずれも独自の論理と構造をもつと指摘
└ただ、野生の思考には自然への畏敬が含まれるとし、西欧文明を批判

③**フーコー**(20C　フランス)：主著『**狂気の歴史**』『**言葉と物**』『**監獄の誕生**』
└近代社会は**権力**と知とが結合し、思考が無意識のうちに支配されていると指摘
　└権力に不当とされたものは**狂気**とされる→権力は諸制度を通して人々に従順化をうながし(**規律の権力**)、人々は無意識のうちに自己規律化をはかる

3 その他の思想家からの批判

①**ベルクソン**(19〜20C　フランス)：主著『**創造的進化**』
└宇宙に生まれた**生の躍動**(**エラン・ヴィタール**)を感じ取り、人類を同胞として受け入れるような「**開かれた社会**」を創造しなければならない

②**マックス＝ウェーバー**(19〜20C　ドイツ)
└現代の**官僚制**(**ビューロクラシー**)は組織運営の合理化をうながすとともに、人間の歯車化という非合理ももたらしている

③**ウィトゲンシュタイン**(19〜20C　オーストリア)：主著『**論理哲学論考**』
├「**語りえないことについては、沈黙しなければならない**」→事象と対応関係をもたない神や道徳的価値などを哲学から排除
└**言語ゲーム**：日常生活の会話は、一定の規則に従ったゲームとして成り立つ
　└言語や命題の有意味性を探究する**分析哲学**

④**ポパー**(20C　イギリス)：科学的思考とは**反証可能性**をもつことだと指摘

⑤**クーン**(20C　アメリカ)：科学の進歩は事実の連続的な積み上げではなく、その時代の科学的モデルである**パラダイム**の転換によると主張

⑥**レヴィナス**(20C　フランス)：主著『**全体性と無限**』
└自分を中心に全体化した存在(**全体性**)に固執せず、自分にとって絶対的に**他者**としてせまってくる存在(**顔**)の苦痛を受け入れる倫理的主体の確立を主張

⑦**ハンナ＝アーレント**(20C　ドイツ)：主著『**人間の条件**』『**全体主義の起源**』
├行為→**労働**(生命維持行為)・**仕事**(文化的行為)・**活動**(共同体形成行為)
└固定的な原理を優先する**全体主義**は、多様な意見や自由な発想を抑圧する

⑧**デリダ**(20〜21C　フランス)：西欧哲学の基礎であるロゴス中心主義や神中心主義などをいったん崩して(**脱構築**)、新たな哲学を構築しようと主張

⑨**ドゥルーズ**(20C　フランス)：**ガタリ**とともに、欲望を抑圧する文明や政治を権力とみなし、そこからの解放を目指す

3 新しい社会像

1 **リバタリアニズム**(自由至上主義)
└自己の身体と財産の権利に国家の不介入を説く**ノージック**らがいる

2 **コミュニタリアニズム**(共同体主義)
└個人をつねに共同体と共同体の価値観の関係でとらえる立場。**サンデル**や**マッキンタイア**らがいる

Speed Check! ヒューマニズムと現代への批判

❶ 現代のヒューマニズム

☐ ①アフリカのランバレネで医療に従事した〔1 〕は、『文化と倫理』のなかで、人間は「生きようとする生命に囲まれた生きようとする生命」だとして、生命に対する敬いと畏れである〔2 〕を説いた。

☐ ②旧ユーゴスラヴィア出身の〔3 〕は、インドのコルカタに「死を待つ人の家」などを建て、貧者や病者の救済に努めたが、彼女は罪とは他者の不幸に〔4 〕であることだと語っている。

☐ ③「マハトマ(偉大な魂)」といわれた〔5 〕は、インド独立のためには宇宙の真理を把握すること、すなわち〔6 〕が必要だと考えた。それにはブラフマチャリヤーという魂の浄化が必要であり、ひいては生き物を傷つけたり殺さないこと、すなわち〔7 〕の実践が必要だと考えた。それが、具体的には〔8 〕・不服従の運動となったのである。

☐ ④アメリカの黒人解放運動の指導者〔9 〕は、「私には夢がある」という演説をおこない、黒人に国民としての当然の〔10 〕を与えるよう訴えた。

❷ 現代文明への批判と新しい知性

(1) フランクフルト学派からの批判

☐ ①ドイツのフランクフルト大学社会研究所の中心人物〔11 〕は、『啓蒙の弁証法』において、近代理性は科学・技術に従属する〔12 〕になり下がり、人間性を抑圧するものへの批判を忘れてしまっていると語った。

☐ ②『啓蒙の弁証法』の共同著者でもある〔13 〕は、ファシズムを支持した大衆の心理には、強者に卑屈(ひくつ)・弱者に傲慢(ごうまん)という〔14 〕が潜んでいると指摘した。また、彼と共同研究をおこなった〔15 〕は、その著書『〔16 〕』のなかで、現代人は自由を重荷に感じて新たな束縛を求めていると、その危険性に警告を発した。

☐ ③フランクフルト学派の第二世代に当たる〔17 〕は、社会規範の成立には成員の十分な討議と〔18 〕にもとづく〔19 〕が必要であり、そのためには権威や権力を排除した公共圏と〔20 〕が必要だと考えた。

(2) 構造主義からの批判

☐ ①スイスの言語学者〔21 〕は、個人の発話行為であるパロールは、その社会の言語体系である〔22 〕によって規定されているとし、構造主義思想に影響を与えることになった。

☐ ②フランスの構造主義哲学者〔23 〕は、抽象的・科学的思考を特徴とする文明社会も、自然的・具体的な思考を特徴とする未開社会も、それぞれ独自の論理と構造をもっていると指摘した。そして、文明社会の思考が「栽培された思考」であるのに対して、未開社会の思考は「〔24 〕」であり、自然や感覚的経験を基礎にしているだけに自然への畏敬に溢れていると指摘している。

☐ ③近代西欧社会の成立を「知」の形成過程を通してとらえようとしたフランスの〔25 〕は、権力と知が結合し無意識のうちに人々の思考は規制されるようになったと指摘する。そして彼は『〔26 〕』のなかで、権力にとって不当とされたものは〔27 〕とされて社会から隔離・排除されてきたという。さらに、『〔28 〕』のなかでは、権力は社会の諸制度を通して人々に従順化をうながして規律の権力となり、民衆は無意識のうちに自己規律化をはかるようになっているとも語っている。

(3) その他の思想家からの批判

□ ①「生の哲学」を説いたフランスの〔29 〕は、その著書『〔30 〕』のなかで、宇宙の始まりに生まれ出た生の躍動すなわち〔31 〕を感じ取ることで、人類を同胞として受け入れる「開かれた社会」をめざさなければならないと考えた。

□ ②ドイツの哲学者・社会学者〔32 〕は、巨大組織の効率的運営の必要性から生まれ出た〔33 〕は、効率化・合理化を求めるあまり人間の歯車化という非人間化をもたらしていると批判した。

□ ③オーストリアの哲学者〔34 〕は、「語りえぬものについては、〔35 〕しなければならない」と語り、事象と対応関係をもたない神や道徳的価値などを哲学的課題から排除するとともに、日常会話を一定のルールに従った〔36 〕ととらえ、言語や命題の有意味性を探究する〔37 〕の一翼を担った。

□ ④イギリスの〔38 〕は、科学的思考とはその思考のなかに〔39 〕をもっていることだとした。またアメリカの科学史家〔40 〕は、科学の進歩は科学的事実の積み上げによっておこるのではなく、その時代の科学的モデルである〔41 〕の劇的な変換によって生じるのだと語っている。

□ ⑤リトアニア出身のフランスの思想家〔42 〕は、その著書『〔43 〕』のなかで、自己とは絶対的に異なる他者の他者性を「〔44 〕」と呼び、それを迎え入れることで自己を中心に築かれた世界に固執する者に倫理的な出口を与えることができるという。

□ ⑥ドイツの思想家〔45 〕は、その著書『〔46 〕』において、人間の行為を「労働」と「仕事」、そして権威や権力が介入しない公共的空間での討論である「〔47 〕」とにわけ、近代社会は後者が困難な状況にあるという。そのことが結局、多様な意見を封じ込める〔48 〕の危険性を予感させると語っている。

□ ⑦フランスのポスト構造主義の一翼を担う〔49 〕は、西欧哲学の基礎をいったん崩す〔50 〕をとなえた。

3 新しい社会像

□ ①近年、市場経済の優位や財産や権利への国家の不介入を説くノージックらの〔51 〕という考え方が登場してきた。

□ ②個人をつねに共同体との関係でとらえようとするサンデルやマッキンタイアらの〔52 〕という考え方も新たな社会像を示している。

Summary 日本の文化と仏教の伝来

① 日本の風土と社会

1 風土論

①**風土**：気候・地形・植生などが人間に与える影響からとらえた自然環境のこと

②**和辻哲郎**の風土論(『**風土**』による分析)

砂漠型風土	西アジアやアフリカなどの風土。放牧生活を基礎に強力な団結力と戦闘的な生活を特質とする文化をもつ→宗教的には一神教が中心
牧場型風土	ヨーロッパの風土。夏の乾燥と冬の温暖湿潤のなかで、牧畜と農業の混合文化が特徴→論理的思考や科学を生む
モンスーン型風土	東・東南アジアの風土。季節風による恵みと台風や梅雨などの気まぐれな自然のなかで忍耐強い文化を生む→汎神論的自然宗教が中心

2 日本の風土と生活

①風土：豊かな自然と四季に恵まれる→大らかな生命観と豊かな感性を育てる
└日本では自然のことを「**花鳥風月**」や「**雪月花**」と呼んできた

②共同体の倫理

a. 「**うち**」と「**そと**」を明確にし、共同体との一体化を求める「**和**」を重んじ、神を敬い私心のない純粋な心情である清き明き心(**清明心**)が尊ばれた

b. 共同体に災いをもたらすもの(災害や病気など)は、すべて**穢れ**や**罪**と呼ばれ、排除されるものと考えられた

c. **祓い**：罪の代償を差し出したり、幣や形代に託したりして罪を除いた
禊：水によって穢れや罪を洗い流した

d. 生活：農業を中心に生活が営まれ、**ケ**とよばれる普段の生活の合間に、**ハレ**と呼ばれる特別な日を配して農事を休んで気力を回復した

② 古代日本の思想

1 庶民の神信仰

①自然宗教：山川草木などのすべてに霊が宿るという**アニミズム**の思想をもつ
└霊が人間や動物となって現れるとき**カミ(神)**とよばれる＝**八百万神**

②**祖先崇拝**：死者は一定期間祀られたのち、山に入って**祖霊**となり、節目ごとにムラの平安と豊穣のために、年神や田の神となって降りてくる

③祟り神と恵む神：外界から訪れる神は**祟り神**であるが、**祭祀**によって恵む神になる
→**折口信夫**はこの神を「**まれびと**」と呼び、**常世国**から来訪するという

2 記紀神話の神：『**古事記**』『**日本書紀**』における神代の記述による

①国産み神話：**イザナギの命**と**イザナミの命**により国土と神々が誕生

②三世界

高天原	豊穣と平安を祈願する**アマテラス大神**を中心とする神々の住む世界
葦原中国	イザナギの命とイザナミの命によって創られた人間の世界
黄泉国	神々も人間も死んだものが赴く世界

3 日本の伝統文化

1 日本文化の特性

①**基層文化**：照葉樹林帯とナラ樹林帯を生活の基礎とする農耕文化

重層性：基層文化の上に大陸文化や欧米の文化が重層的に重なっている

②**雑種文化**：日本文化はさまざまな文化を吸収・変容しながら形成→**加藤周一**の説

2 儒教・仏教伝来以降の日本文化

①**無常観**の文学：仏教の**無常**の教えにもとづいて独自の美意識や人生観を形成

西行(12C)	世の無常を感じて出家し、全国を遍歴して歌を詠む。『**山家集**』
鴨長明(12～13C)	時代の混乱のなかで無常を感じて隠遁し、その境地を随筆『**方丈記**』に記す
兼好法師(13～14C)	動乱のなかで神官職を捨てて出家し、無常観に貫かれた鋭い観察眼で人間と社会をみつめ、『**徒然草**』を残す

②禅文化と芸能・芸道

能	田楽や猿楽をもとにした舞台芸能→禅の境地である**幽玄**を余情・余韻としてとらえて能の本質とした**世阿弥**によって大成→『**風姿花伝**』(『花伝書』)
茶道	栄西がもち帰ったとされる茶は、**千利休**によって閑寂の趣を重んじる「**わび**」を美意識とする芸道として日本独自の文化となる
水墨画	墨の濃淡で風景を描き、禅の精神をあらわす→**雪舟**
枯山水	白砂と石組とで山水の風景を表現→**龍安寺の石庭**
俳諧	松尾芭蕉は「わび」に加え「**さび**」を句の心として俳諧を大成

4 仏教の伝来

1 **聖徳太子**(**厩戸王**)(6～7C)：**蕃神**を祀る仏教や儒教を国家統治の原理として採用

①『**憲法十七条**』

a．「**和**」の尊重→「**和をもって貴しとし、忤ふることなきを宗とせよ**」

b．「**凡夫**」の自覚：仏の前では誰もが煩悩を抱えた人間であるという自覚をうながす
→「我必ずしも聖に非ず、彼必ずしも愚にあらず、**ともにこれ凡夫なるのみ**」

c．仏教への帰依→凡夫の自覚は仏教への帰依による→「篤く**三宝**を敬え、三宝とは**仏・法・僧**なり」

②仏教理解の深化

a．『**三経義疏**』の執筆：『**法華経**』『**勝鬘経**』『**維摩経**』の大乗経典に注釈を加えたといわれる

b．現世利益的な仏教から離れる→「**世間虚仮、唯仏是真**」という境地に立つ

Speed Check! 日本の文化と仏教の伝来

1 日本の風土と社会

(1) 風土論

☐ ①日本の哲学者[1]は、気候や地質や地形が人間や文化にどのような影響を与えるかについて、その著書『[2]』で論じている。

☐ ②彼によれば、西アジアなどは[3]風土と呼ばれ、放牧生活を基礎に強固な団結力と一神教をもつ。また、ヨーロッパは[4]風土と呼ばれ、農牧業を生業としつつ、論理的思考から哲学や科学を生み出した。

☐ ③日本は[5]風土の特質をもち、季節風の恵みとともに台風や梅雨のような気まぐれな自然のなかで、忍耐強い性格と豊かな感性を育んできた。

(2) 日本の風土と生活

☐ ①古代日本では自然を「[6]」や「雪月花」と呼び、自然と一体化した生活を営んでいた。また、ムラ社会では「うち」と「そと」を峻別(しゅんべつ)し、共同体の一致を求める[7]を重んじ、神を敬い私心のない純真な心情である[8]を尊んだ。

☐ ②ムラに災いをもたらすものは罪や[9]と呼ばれたが、[10]や禊(みそぎ)によって浄化できるものと考えられていた。

2 古代日本の思想

(1) 庶民の神信仰

☐ ①古代の日本人は、自然のなかには霊が宿っているという[11]の思想をもっていたが、それらが人や動物となって現れたときカミ(神)と呼んだ。それゆえ、日本の神は数多く存在し、人々はそれらを総称して[12]と呼んでいた。

☐ ②ムラ社会では、死者は一定期間祀られたのち、山に入って[13]となり、時に応じて年神や田の神となって降りてくるという[14]の信仰をもっていた。

☐ ③ムラの外から来訪する「何ものか」は、ムラに災いをもたらす[15]であるが、祭祀によって恵む神になると考えられた。民俗学者[16]は、この神を「[17]」と呼び、常世国(とこよのくに)から来訪すると語っている。

(2) 記紀神話の神

☐ ①日本人の神信仰や死生観は、日本最古の歴史書である『[18]』や『日本書紀』にも記されている。

☐ ②記紀神話の神代記には、神々の住む[19]の中心の神は[20]であり、この神は「祀(まつ)る神」として豊穣と平安を神々に祈願しているとされている。

☐ ③人間の住む[21]は[22]とイザナミの命によって生み出された世界であり、神も人間も死後は[23]へと赴(おもむ)くと考えられていた。

3 日本の伝統文化

(1) 日本文化の特性

□ ①日本列島は常緑広葉樹林である〔24 〕帯とナラ樹林帯のなかにあり、木の実と米麦と魚を基礎とした固有の文化をもっていた。

□ ②古くは大陸からの文化を、近年では欧米の文化をみずからの基層文化の上に積み重ねてきた日本文化は〔25 〕という特性をもっている。さらに加藤周一は、日本文化はさまざまな文化が混ざりあった〔26 〕だと語っている。

(2) 儒教・仏教伝来以降の日本文化

□ ①全国を行脚(あんぎゃ)して歌を詠った平安末期の歌人〔27 〕も、権力渦巻く社会を捨てて隠棲(いんせい)を決意し、その境地を『方丈記』につづった〔28 〕も、ともに世の中に〔29 〕を感じていた。

□ ②鎌倉末期の随筆家〔30 〕は、鋭い観察力で人間と社会をみつめ、無常なればこそ人生も自然も美しいと『徒然草』につづっている。

□ ③〔31 〕の大成者である〔32 〕は、その著書『風姿花伝』(『花伝書』)において、「秘すれば花」と語り、禅の境地でもある〔33 〕を芸能の美意識ととらえた。

□ ④〔34 〕は閑寂さを示す茶道の心で、〔35 〕によって示された境地であるが、〔36 〕によって俳諧の本質の1つとされたある種の欠如感である〔37 〕も、ともに禅の精神を示している。

□ ⑤墨の濃淡で景色を描く水墨画は〔38 〕によって大成された。それは白砂と石組で造られた〔39 〕とともに、禅の精神をあらわそうとした芸術である。

4 仏教の伝来

□ ①当時、蕃神(あだしくにのかみ)といわれていた仏を祀る仏教を、国家建設の統治原理として採用した〔40 〕は、その精神を『〔41 〕』として示した。

□ ②彼は豪族間の抗争を収めるべく、古代の〔42 〕の精神の大切さを憲法の第一条に示し、仏の前では誰もが煩悩に苦しむ〔43 〕にすぎないと教えている。

□ ③この自覚をもたせるため、仏陀、仏陀の教えである法、その教えに従って修行を続ける僧侶の〔44 〕を敬えというのである。

□ ④聖徳太子は、人々に仏教を理解させるために、『〔45 〕』『勝鬘経』『維摩経』の注釈書である『〔46 〕』を著したといわれている。

□ ⑤しかし、晩年の彼は仏教を国家統治に利用するという現世利益的な立場を離れ、「〔47 〕」という境地に立ったとされている。

Summary 日本仏教の発展

1 奈良・平安仏教

1 奈良仏教

①国家仏教：**聖武天皇**は**東大寺の大仏**を造立し、全国に国分寺・国分尼寺を建てて、仏教を**鎮護国家**の中心に据える
　└**行基**も民衆とともに参加
　└中心は**南都六宗**で、**加持祈禱**によって**現世利益**を祈願
　　└**律宗**・**三論宗**・**成実宗**・**法相宗**・**倶舎宗**・**華厳宗**
　　　└東大寺に**具足戒**の**戒壇**をおいた**鑑真**がもたらす

②**神仏習合**：奈良時代末頃より、仏教と在来の神信仰との融合が進む
　└**本地垂迹説**：仏が真理の主体(本地)であり、神は教化のための仮の姿だとする

2 平安仏教：国家仏教・山岳仏教・貴族仏教などの特徴をもつ

①**最澄**(**伝教大師**　8～9C)：唐から**天台宗**をもち帰り、**比叡山**に**延暦寺**を建てる

a．**大乗菩薩戒**：東大寺の具足戒に代わる戒壇の設立を願う→『**山家学生式**』で学僧の教育方針を示し、『**顕戒論**』で大乗戒壇の必要を説く

b．**一乗思想**(**法華一乗**)：すべての生き物は仏性をもち(**一切衆生悉有仏性**)、悟りという1つの乗り物に乗れるという思想

②**空海**(**弘法大師**　8～9C)：修行時代に儒・仏・道の三教の優劣を論じた『**三教指帰**』を著す→唐に渡って密教を学び、帰国後、**高野山**に**金剛峯寺**を建てて**真言宗**を開く→『**十住心論**』に思想の核心を示す

a．**密教**：一般の仏教(**顕教**)に対して宇宙の真理(法)そのものである**大日如来**の秘密の教えをいう
　↓
　大日如来の周りに諸仏・諸神を配した図絵を**曼荼羅**という

b．**三密**：世界は大日如来の**身**(身体)・**口**(言葉)・**意**(心)の三密からなる

c．**即身成仏**：手に**印契**を結び、口に**真言**(**マントラ**)をとなえ、心に仏を念じる三密の行をするなら、その身のままで大日如来と一体化できる

3 平安後期の仏教思想

①**末法思想**の流行：戦乱や飢饉などの不安から生まれた、仏の救済を否定する思想

正法	仏陀の教え(教)も教えに従った修行(行)も悟り(証)もある時代
像法	教と行はあるが、証のない時代
末法	教はあるが、行も証もなく、仏法による救いのない時代

②**浄土信仰**の流行：末法思想の影響を受けて、**阿弥陀仏**の住む**極楽浄土**(**西方極楽浄土**)への往生を念仏によって願う信仰が流行する
　├**観想念仏**：仏の姿や極楽を思い浮かべる
　└**称名念仏**：「**南無阿弥陀仏**」という名号を称える

a．**空也**(10C)：「**阿弥陀聖**」あるいは「**市聖**」と呼ばれ、全国を遊行して念仏による救済を説き、社会事業もおこなう

b．**源信**(10~11C)：『**往生要集**』によって地獄の恐ろしさを説き、極楽への往生を願う心をうながす→「**厭離穢土、欣求浄土**」

2 鎌倉仏教

1 浄土系仏教

①**法然**(12~13C)：比叡山で天台教学を学ぶが安心を得られず、中国の善導の教えに従って開眼し、**浄土宗**を開く
主著『**選択本願念仏集**』『一枚起請文』

a．弥陀の本願：自力による悟りを捨てて、阿弥陀仏の**本願**にすがる**他力**を説く
b．**専修念仏**：「**南無阿弥陀仏**」と阿弥陀仏の名を称える**称名念仏**だけで往生できる

②**親鸞**(12~13C)：法然に師事し、他力信仰の徹底をはかり、**浄土真宗**を開く
主著『**教行信証**』　弟子**唯円**は『**歎異抄**』を著す

a．**絶対他力**：念仏さえも阿弥陀仏にさせてもらっており、念仏は行ではなく**報恩感謝の念仏**である→すべては弥陀のはからいである＝「**自然法爾**」
b．**悪人正機**：阿弥陀仏の救済の対象は、自力作善の善人ではなく、自力作善できない悪人である→「**善人なほもて往生をとぐ、いはんや悪人をや**」

③**一遍**(13C)：「**捨聖**」とよばれ、すべてを捨てて全国を遊行して念仏を説く
時宗：平生を「往生の時」と説く→信者らは念仏をとなえながら踊る(**踊念仏**)

2 禅宗系仏教

①**栄西**(12~13C)：中国より禅宗をもち帰り、**臨済宗**を伝える　主著『**興禅護国論**』
②**道元**(12~13C)：比叡山で学んだ後に入宋して如浄に学び、末法を否定し、自力による悟りを求めて**曹洞宗**を伝える　主著『**正法眼蔵**』

a．**只管打坐**：ただひたすら仏陀の正法である**坐禅**をおこなうこと
b．**身心脱落**：坐禅によって身体も心も一切の執着から解き放たれること
c．**修証一等**：坐禅(修)は手段ではなく、そのまま悟り(証)であるという教え

3 日蓮宗(**法華宗**)

日蓮(13C)：比叡山などで学び、**日蓮宗**を開く　主著『**立正安国論**』『**開目抄**』

a．法華至上主義：『**法華経**』こそ仏陀の真実の言葉が記されているとする
b．**久遠実成の仏**：永遠の昔に悟りを開き、今も教えを説き続けている仏
c．**唱題**：「**南無妙法蓮華経**」という**題目**をとなえることで成仏できる
d．**法華経の行者**：みずからを法華経を広め、国難を救うものと自任
e．**四箇格言**：**念仏無間**(念仏宗は無間地獄に堕ちる)
禅天魔(禅宗は悪魔の教えである)
真言亡国(真言宗は国を滅ぼす)
律国賊(律宗は国の敵である)
―他宗を激しく攻撃

Speed Check! 日本仏教の発展

1 奈良・平安仏教

(1) 奈良仏教

□ ①仏教を国家安泰を祈願する〔1 〕の中心に据えた〔2 〕は、全国に国分寺をおいてその要として東大寺を建てて、そこに大仏を建立した。この国家事業には、民衆を引きつれて〔3 〕も参加した。

□ ②奈良仏教は、東大寺に戒壇を開いた〔4 〕によって開かれた律宗や法相宗などの〔5 〕を中心として、加持祈禱などによる〔6 〕の祈願がおこなった。

□ ③奈良時代末には、仏教と神道との融合である〔7 〕がおこなわれはじめた。仏が真理の源で神はその仮の姿だとする〔8 〕が代表的な思想である。

(2) 平安仏教

□ ①唐に渡って仏教を学んだ〔9 〕は、〔10 〕を日本に伝え、比叡山延暦寺は全国の学僧のための一大学問所となった。彼はその教育方針を『〔11 〕』に記し、悲願の大乗戒壇の設立の意義については『〔12 〕』に記した。

□ ②彼の思想は、仏陀の教えの核心は『涅槃経』に記された「〔13 〕」という言葉を基本として、『法華経』の教えに即した〔14 〕思想にある。

□ ③〔15 〕は入唐して、宇宙の真理である法身仏の秘密の教え(〔16 〕)をもち帰り、天皇から高野山を賜って金剛峯寺を建て、〔17 〕を開いた。

□ ④彼の思想の中心は『〔18 〕』に記されている。それは、世界は法身仏である〔19 〕の身・口・意の〔20 〕の現れであり、人間は三密の行によってその身のままで仏と一体化できるという〔21 〕の思想である。彼は若いころ、儒教・仏教・道教を比較検討した『〔22 〕』も書いている。

□ ⑤平安後期に流行し始めた〔23 〕は、仏の教え「教」も教えに従った「行」も悟りである「証」もあった〔24 〕の時代、「教」と「行」はあるが「証」のない〔25 〕の時代のあと、「教」しかなく救いのない末法の時代が到来するが、末法の時代こそ戦乱と飢饉に苦しんでいる今の時代なのだという思想である。

□ ⑥この時代、諸仏の住む浄土への往生を願う〔26 〕も流行し、とくに〔27 〕が住む極楽浄土(西方極楽浄土)への往生を〔28 〕によって祈願する人々が多かった。

□ ⑦全国を鉦(かね)を叩いて遊行(ゆぎょう)し、社会事業をおこなって「阿弥陀聖」と呼ばれた〔29 〕や、『〔30 〕』のなかで「〔31 〕」と語り、極楽の素晴らしさとともに地獄の恐ろしさを描いた〔32 〕などはその先駆者である。

2 鎌倉仏教

(1) 浄土系仏教

□ ①〔33 〕は、中国の善導の教えによって開眼し〔34 〕を開いた。その教えは、末法の世では自力による救いはなく、阿弥陀仏の〔35 〕にすがる〔36 〕以外にはないと、『〔37 〕』において説かれている。

□ ②そして、ほかのすべての修行を捨てて、ただ「〔38 〕」と仏の名号を称(とな)えるだけで往生できるとする〔39 〕を説いた。

☐ ③師の他力の教えを徹底して〔40 〕を説き、〔41 〕を開いた〔42 〕は、自力作善（さぜん）のできない人こそが阿弥陀仏の救いの対象だとする〔43 〕を説いた。そして、すべては阿弥陀仏のはからいだという〔44 〕の境地に至った。

☐ ④これらの思想は彼の著作である『〔45 〕』や弟子の唯円の『〔46 〕』に記されている。

☐ ⑤捨聖といわれた〔47 〕は、平生を往生のときと考える〔48 〕を開いた。その布教の特徴は〔49 〕といわれる踊りながらの念仏であった。

⑵ 禅宗系仏教

☐ ①達磨（だるま）によって開かれた禅宗の教えをもち帰り、日本に〔50 〕を伝えた〔51 〕は、「不立文字（ふりゅうもんじ）」や「教外別伝（きょうげべつでん）」を説き、『〔52 〕』を記した。

☐ ②比叡山で学んだのち、建仁寺に入った〔53 〕は、宋に渡ったのち〔54 〕を日本に伝え、権力から距離をおくために越前に永平寺を建てて修行の場とした。

☐ ③彼の思想は『〔55 〕』に記されているが、仏陀の正法はひたすら坐禅をおこなうことであるという〔56 〕である。そして彼は、坐禅は〔57 〕という身体や心のとらわれからの解放であり、坐禅という修行はそのまま悟りなのだという〔58 〕を説いている。

⑶ 日蓮宗

☐ ①安房（あわ）の漁師の子として生まれた〔59 〕は、諸国をめぐり比叡山でも学んだが満足せず、みずから〔60 〕を開いた。

☐ ②彼は『〔61 〕』こそが最高の経典だとし、釈迦は悟りを開いた後も永遠の仏として〔62 〕であり、今も教えを説き衆生の救済をはかっているという。それゆえ、「南無妙法蓮華経」という〔63 〕をとなえるだけで成仏できると説いた。

☐ ③かくしてみずからを〔64 〕と任じる彼は、『法華経』の教えにもとづいてこそ国家の安泰がはかれるとし、『〔65 〕』を著して鎌倉幕府に献じたが、捕えられて流罪となった。

☐ ④彼の激しい布教態度は、「〔66 〕」と語って浄土系宗派を非難し、「禅天魔」「〔67 〕」「律国賊」などと諸宗派を攻撃し、これらはまとめて〔68 〕といわれた。

Summary 日本儒学と民衆の思想

① 江戸儒学

1 朱子学：江戸幕府の支配原理としての役割をはたす

①**藤原惺窩**(16～17C)：仏教に仁義の喪失を見出し、禅僧から還俗して朱子学を講じ、林羅山を家康に推挙する

②**林羅山**(16～17C)：惺窩の推挙で幕府に仕える　主著**『春鑑抄』『三徳抄』**

「敬」の重視	私利私欲を慎み、天理に従う心を重んじる
上下定分の理	天地に上下があるように、人間にも上下があるのが天理である 「天は高く地は低し。上下差別があるごとく、人も君は尊く民は卑しきぞ」
存心持敬	心に敬を抱き、上下定分の理をわきまえること

③その他の朱子学者

a．**山崎闇斎**(17C)：敬と義を基礎とした倫理説→儒学的神道の**垂加神道**を説く

b．**木下順庵**(17C)：門下に幕臣で**『西洋紀聞』**を著した**新井白石**、民衆教化に尽力した**室鳩巣**、朝鮮語通詞の**雨森芳洲**がいる

2 陽明学：朱子学を形式主義・主知主義的だとして批判し、実践的な学問を主張

①**中江藤樹**(17C)：**藤樹書院**で民衆教化→「**近江聖人**」と呼ばれる　主著**『翁問答』**

「孝」の重視	真心をもって人と親しみ、上を敬い下を侮らない**愛敬**として現れる
時・処・位の重視	孝の実践には時と場所と身分とを考慮すること
良知の重視	善悪を判断する生まれつきの知→**知行合一**の基礎

②その他の陽明学者

a．**熊沢蕃山**(17C)：時・処・位を重視→岡山藩で治山・治水に尽力

b．**大塩平八郎**(18～19C)：飢饉で苦しむ民衆のために大坂で挙兵

3 古学：朱子や王陽明の解釈を入れない、孔子・孟子の原典に帰ろうとする立場

①**山鹿素行**(17C)：林羅山に師事するが、朱子学の形式主義を批判して赤穂に流罪　主著**『聖教要録』**

└**士道**：武士の道とは、農工商の三民を導く倫理的指導者であることと説く

※山本常朝：「武士道といふ(う)は、死ぬことと見つけたり」(『葉隠』)

②**伊藤仁斎**(17～18C)：『論語』『孟子』を重視し、それらに書かれている本来的意味(古義)を探究して**古義学**を提唱　主著**『童子問』『語孟字義』**

a．**仁・愛**：孔子の思想の核心は仁であり、その精神は愛だと説く

「われよく人を愛すれば、人またわれを愛す」

b．**誠**：自他いずれにも偽りをもたない**真実無偽**な心を重視

「誠なければ、仁、仁に非ず」

└誠は孔子のいう**忠信**の実践となって現れるとする

③**荻生徂徠**(17～18C)：孔孟以前の「六経」を原典で研究する**古文辞学**を提唱　主著**『弁道』『政談』**

a．**先王の道**：古代の支配者たちが求めたのは、道徳的な道でも自然の道でもなく、人々の生活の安寧をはかる**安天下の道**

b．**経世済民**：世を治め民を救うこと→**礼楽刑政**(儀礼・音楽・刑罰・政治)の制度を整えることが必要

2 江戸庶民の思想

1 町人の思想

①**石田梅岩**(17～18C)：丹波出身の農民で、京都で奉公しつつ儒教・仏教・神道を学び、**心学**を開く　主著『**都鄙問答**』

a．職分論：身分の基礎は職業上の区分で、各身分には差異はない
「士農工商ともに天の一物なり」「**商人の買利は士の禄に同じ**」

b．商人の道：足るを知って分に安んじる**知足安分**を説き、ものを活かす**倹約**と人を活かす**正直**を重視→「**先も立ち、我も立つ**」

②その他の思想家

井原西鶴(17C)	大坂の浮世草子の作者で、庶民の色欲や金銭欲を描く
近松門左衛門(17～18C)	大坂の戯作者で、**義理**・**人情**に悩む庶民を描く
富永仲基(18C)	大坂の**懐徳堂**で学び、仏教も後世の人がつけ加えた説の上に成り立つという**加上**の説を説く
山片蟠桃(18～19C)	懐徳堂で学び、霊魂の存在を否定する**無鬼論**を展開

2 農民の思想

①**安藤昌益**(18C)：八戸の医師で、農業を基本とした平等な社会を理想とする
主著『**自然真営道**』

a．**万人直耕**：自然の営みに参画し、みずから耕し衣食住を給すること

b．**自然世**：万人が直耕する差別や搾取のない理想的な社会
法　世：**不耕貪食の徒**(士工商階級)が農民に寄生する差別と搾取の社会

②**二宮尊徳**(18～19C)：相模の農業指導者で、人間と自然に関する思想を展開

a．2つの道
・**天道**：自然の営みで、作物の育成をうながすが、害悪も与える
・**人道**：人間の営みで、天道に従っておこなわれる工夫と努力のこと

b．**報徳思想**：自己の存在は天地と周辺の人々の徳のおかげであり、その人々の徳に報いようとする思想
　─**分度**：自己の経済力に応じた生活をすること
　─**推譲**：勤勉と倹約で蓄えた財に余力があれば、それで他者を助けること

DAY 15

Speed Check!

日本儒学と民衆の思想

1 江戸儒学

⑴ 朱子学

☐ ①元相国寺の禅僧〔1 〕の推挙で幕府に仕えた〔2 〕は、その著作『〔3 〕』のなかで、天地と同じく人間にも上下があるとしてこれを「〔4 〕」と呼び、幕藩体制の身分制度を理論化した。

☐ ②彼は、私利私欲を慎み天理に従うことを「〔5 〕」と呼んだが、この姿勢を貫くことを、朱子学の居敬窮理にならって〔6 〕と呼んだ。

☐ ③その他の朱子学者としては、羅山の弟子で儒教と神道を融合し〔7 〕をとなえた〔8 〕や、羅山と対立した〔9 〕の門下に『西洋紀聞』を著した〔10 〕や朝鮮語通詞として活躍した〔11 〕などがいる。

⑵ 陽明学

☐ ①「近江聖人」と呼ばれた〔12 〕は、『〔13 〕』を著してわかりやすく儒教思想を説くとともに、しだいに王陽明が説いた〔14 〕に近づいていった。

☐ ②彼は天地を貫く原理として「〔15 〕」を説いた。それは人倫の場面では真心をもって人と親しみ、上を敬い下を侮らないという〔16 〕として現れるものであった。

☐ ③孝の実践は〔17 〕、すなわち時と場所と身分を考慮しておこなわれるもので、岡山藩に仕えて治山・治水に尽力した彼の弟子〔18 〕は、これがなければ法や道徳は成り立たないと考えた。

⑶ 古学

☐ ①朱子や王陽明の解釈の入った儒学を斥(しりぞ)けた〔19 〕は、林羅山の思想を批判し、『〔20 〕』を著して孔孟に帰る〔21 〕を提唱するとともに、太平の世の武士は農工商三民の倫理的模範となるべきだとして〔22 〕を説いた。

☐ ②鎌倉時代以降、戦士としての武士には「〔23 〕」といわれる武士独自のあり方や生き方が求められていた。佐賀藩の山本常朝は『〔24 〕』のなかで、それを「死ぬことと見つけたり」と記している。

☐ ③『論語』こそ最良の書と考えた〔25 〕は、その本義を求める〔26 〕を提唱した。彼の思想は、幼児の質問に答えるという形式で書かれた『〔27 〕』によく示されている。

☐ ④彼は孔子の思想の核心は〔28 〕であり、その本質は〔29 〕であると考えた。しかし、それも真実無偽で純真な心である〔30 〕があってこそだと考え、その心は孔子のいう〔31 〕の実践となって現れると教えた。

☐ ⑤〔32 〕は、孔子がみずからの学問の手本とした「六経」にまでさかのぼり、それらを原典で研究する〔33 〕を提唱した。

☐ ⑥彼は中国古代の支配者の求めた〔34 〕は、自然や道徳の道ではなく人々の生活の安寧をはかる〔35 〕であり、世を治め民を救う〔36 〕であって、儀礼や音楽を整え、刑罰を定めて政治をおこなうという〔37 〕を重視する道であったと考えた。

❷ 江戸庶民の思想

(1) 町人の思想

□ ①〔38 〕は儒教・仏教・神道をあわせた〔39 〕という商人道徳の学問を開いたが、その思想は著書『〔40 〕』に記されている。

□ ②彼は、「商人の買利は士の禄に同じ」と語り、士農工商はともに天下のためにつくしているとして身分は職分だと考えた。そして、商人は足るを知って分に安んじる〔41 〕を忘れず、ものを活かす〔42 〕と人を活かす〔43 〕こそ大切にしなければならないと説いた。

□ ③浮世草子の作者〔44 〕は、庶民の色と欲を描き、浄瑠璃や歌舞伎の戯曲を書いた〔45 〕は、義理と〔46 〕の板挟みに苦しむ人間を巧みに描いた。

□ ④大坂の商人が建てた〔47 〕に学んだ〔48 〕は、仏教や儒教の思想も後世の人がつけ加えた説の上に成り立つという〔49 〕の説をとなえた。

□ ⑤同じ懐徳堂に学んだ〔50 〕は、地動説をとなえるとともに、霊魂の存在を否定する〔51 〕を展開するなど、きわめて合理的・科学的な目をもっていた。

(2) 農民の思想

□ ①自然の営みの本質は万物の生育だと考えた八戸の医師〔52 〕は、『〔53 〕』のなかで、自然に生かされている人間は、すべての人が大地に働きかける〔54 〕こそが人間の本来的姿である、と説いた。

□ ②しかし、現実の世はみずから耕すことのない士工商らの〔55 〕の徒が農民に寄生している〔56 〕であり、誰もがみずから耕しみずから給する〔57 〕が理想の社会だ、と論じている。

□ ③相模の農業指導者〔58 〕は、農業は２つの道からなるという。１つは、万物を生み育てる〔59 〕であり、もう１つは人間が重ねる工夫と努力である〔60 〕である。

□ ④しかし、そうした自己のあり方も自然とともに自分を取り巻く人々のおかげと考える彼は、それに報いる〔61 〕を説いている。そして、その具体的な実践として、自己の経済力に応じた生活を心がける〔62 〕と、勤勉と倹約の結果として生じた余財を人々の救済にあてる〔63 〕を説いている。

国学と洋学・幕末の思想

1 国学の思想と神道

1 国学の発生と先駆者

①**国学**：古学による中国古典への復帰運動の影響→**『古事記』『万葉集』**に着目

②**契沖**(17～18C)：文献学的・実証的研究で古典を研究　主著**『万葉代匠記』**

荷田春満(17～18C)：契沖の万葉学と仁斎の古義学に学ぶ→日本古来の精神である**古道**を探究

2 代表的国学者

①**賀茂真淵**(17～18C)：荷田春満に師事し古道探究のために日本の古典を研究
主著**『国意考』『万葉考』**

└日本古来の精神(**古道**)→自然で大らかな精神である**「高く直き心」**に満ちている
↓
高く直き心が男らしい「**ますらをぶり**」の歌風を生む
↓
本居宣長は『古今和歌集』の「**たをやめぶり**」を重視

②**本居宣長**(18～19C)：伊勢松坂の医師で、賀茂真淵の影響で古道と文芸の本質を探究
主著**『古事記伝』**：『古事記』の注釈と古道の探究
『源氏物語玉の小櫛』：文芸論　**『玉勝間』**：随筆

a．**漢意**：儒教や仏教の精神のことで、理屈や形式が過ぎるとして批判

b．**真心**：素直で大らかな日本古来の精神のことで、高く評価する
「真心とは、よくもあしくも生まれたるままの心をいう」

c．古道論：日本古来の道は、神々によって作られた「**惟神の道**」である

d．文芸論：文芸の本質は、「**もののあはれ**」である

③**平田篤胤**(18～19C)：宣長の惟神の道を「皇国の意」を明らかにする道ととらえ、天皇の絶対性と日本の優越性を説く→**復古神道**をとなえる

3 神道の思想

①**神道**：仏教伝来以前から日本に根づいていた、開祖も教義もない宗教→**原初神道(古神道)**ともいう

②さまざまな神道：古神道に対して、新たに開祖や教義をもった神道

伊勢神道	鎌倉末期に反本地垂迹説の立場から度会家行が創始
吉田神道	室町時代に儒仏の思想を取り入れて吉田兼倶が創始
国家神道	明治政府が国家統治の目的で各地の神社を統合して成立させた非宗教としての神道
教派神道	国家神道に対して教祖・教義をもつ宗教としての神道→天理教・金光教など

② 蘭学・洋学の思想

1 本草学：中国伝来の薬物学
└**貝原益軒**(17～18C)：朱子学の合理的・批判的精神によって実証的思想を育む
主著『**大和本草**』『**養生訓**』

2 **蘭学**：鎖国下にあって、唯一の西欧貿易国オランダの言葉を通して流入した学問
①**青木昆陽**：享保の飢饉のとき、甘藷(サツマイモ)を栽培して民衆救済に尽力
②『**解体新書**』：オランダの医学書『ターヘル・アナトミア』の翻訳書
└**杉田玄白**(18～19C)・**前野良沢**(18～19C)による翻訳
└翻訳の苦労談を『**蘭学事始**』に綴る
③**適塾**：**緒方洪庵**(19C)が大坂に開いた蘭学塾→福沢諭吉ら多くの人材が育つ

3 **洋学**：蘭学以降に流入した英・仏・独などの西欧学問の総称
①**三浦梅園**(18C)：自然には一定の法則があるという**条理学**を提唱
②**尚歯会(蛮社)**：洋学を中心とした新知識を求める人々の会
a．**渡辺崋山**(18～19C)：洋学の知を産業育成に活かす→著書『**慎機論**』で幕府の対外政策を批判→蛮社の獄で自刃
b．**高野長英**(19C)：鳴滝塾で**シーボルト**に蘭学を学ぶ→『**戊戌夢物語**』で幕府の対外政策を批判→蛮社の獄で自刃

4 **和魂洋才**：日本の伝統的精神を基礎に西洋の科学・技術を受容しようとすること
└**佐久間象山**(19C)：信濃松代藩の朱子学者→アヘン戦争での清国の敗北に衝撃を受け、洋学の必要性を痛感　主著『**省諐録**』
↓
東洋の精神の上に西洋の科学技術の導入を提唱→「**東洋道徳、西洋芸術**」

③ 幕末の思想

1 **水戸学**：水戸藩による『**大日本史**』編纂を契機として生まれた学風
├**大義名分論**：強固な君臣関係の上に立って、あるべき国家秩序を求める
├**尊王攘夷論**：天皇崇拝と外国人排斥をとなえる→のち尊王倒幕の理論となる
└思想家：**会沢正志斎**(18～19C)・**藤田東湖**(19C)

2 幕末の思想家たち
①**横井小楠**(19C)：熊本藩士として儒学思想を基礎に洋学も摂取し、攘夷論から開国論に転じ、明治政府の富国強兵・殖産興業政策に貢献
②**吉田松陰**(19C)：長州藩の尊王理論家。**松下村塾**にて後進を指導しながら「**誠**」をもって天皇を中心とした国家形成を主張
↓
分裂した各藩を天皇の下に結集させる**一君万民論**を説く
→安政の大獄で刑死

DAY 16

Speed Check!

国学と洋学・幕末の思想

1 国学の思想と神道

(1) 国学の発生と先駆者

☐ ①儒学における古典復帰運動は、『古事記』や歌集『[1]』などの研究を通して、日本古来の精神を求める学問としての[2]を生むことになった。

☐ ②その先駆者は、摂津の僧侶であった[3]で、文献学的・実証的研究をおこなったが、その成果が『[4]』であった。

☐ ③京都の神官であった[5]は、契沖の万葉学と伊藤仁斎の古義学を学び、日本古来の精神である[6]を探究しようとした。

(2) 代表的国学者

☐ ①荷田春満に師事した[7]は、儒教の影響を受ける前の日本の古典、とくに『万葉集』の研究に取り組んだ。彼は、日本古来の精神は素朴で雄大だとして、それを「[8]」と呼んだ。そしてこの精神が言葉や行動に現れたとき、それは「[9]」と呼ばれ、『万葉集』の歌風だと考えた。

☐ ②伊勢松坂の医師であった[10]は、医業のかたわら『源氏物語』や『古事記』に親しんでいたが、賀茂真淵との出会いによってその学問方法を継承し、ライフワークとなった『[11]』や随筆『[12]』を著すこととなった。

☐ ③彼は、儒教や仏教は理屈っぽく形式に走りすぎた不自然な精神からなる思想だと批判し、その心を[13]と呼んだ。これに対して日本古来の精神は、自然で素直なありのままの心であると考え、これを[14]と呼んで賞賛した。そして、この日本的精神は神々によってもたらされた道であるとして、[15]と呼んだ。

☐ ④また彼は、文芸の本質は対象と主観との共感による感動であるととらえ、これを「[16]」と呼んでいる。また、賀茂真淵が称揚した「ますらをぶり」に対して、『古今和歌集』の歌風である「[17]」の方をより重視した。彼の文芸論は『[18]』に記されている。

☐ ⑤本居宣長の惟神の道を「皇国の意」を明らかにする道ととらえた[19]は、みずから[20]を説いて、幕末の勤皇思想に大きな影響を与えた。

(3) 神道の思想

☐ ①仏教伝来以前の日本では、開祖も教義もない民間信仰が根づいていたが、これが[21]である。

☐ ②その後、鎌倉時代には反本地垂迹説の立場から[22]、室町時代には儒仏を取り入れた[23]などの神道が開かれていった。

☐ ③明治政府は国家統治の目的でいわゆる[24]を作り出したが、これにより江戸末期に成立していた天理教や金光教などは[25]と呼ばれるようになった。

❷ 蘭学・洋学の思想

⑴ 蘭学の思想

☐ ①鎖国下にあった日本がオランダの言葉を介して学んだ学問が〔[26] 〕であるが、甘藷の栽培で知られる〔[27] 〕はこの学問の先導役であった。

☐ ②本草学では『大和本草』を著した〔[28] 〕が、医学では〔[29] 〕や杉田玄白たちがオランダの医学書『ターヘル・アナトミア』を翻訳した『〔[30] 〕』が知られている。

☐ ③長崎で医学を学んだ〔[31] 〕は、大坂に蘭学塾〔[32] 〕を開き、福沢諭吉や大村益次郎などの明治の新生日本を担う多くの人材を育てた。

⑵ 洋学の思想

☐ ①蘭学とともに英・仏・独などの学問を総じて〔[33] 〕というが、自然の法則性を条理学として研究した〔[34] 〕は、その先駆であった。

☐ ②洋学を学ぶ人々によって結成された〔[35] 〕あるいは蛮社は、幕府の鎖国政策を批判したため弾圧をうけた。三河田原藩の家老〔[36] 〕は、『〔[37] 〕』のなかで鎖国政策を批判し投獄された。また、〔[38] 〕に医学と蘭学を学んだ〔[39] 〕は、幕府の外国船打ち払いを『〔[40] 〕』で批判したため、蛮社の獄によって捕らわれた。

☐ ③信濃松代藩の朱子学者〔[41] 〕は、アヘン戦争における清国の敗北に衝撃を受け、洋学の重要性を認識するようになった。そして、西欧技術の優秀性と日本の精神の卓越性を示す「〔[42] 〕」という言葉を、彼は「〔[43] 〕」と表明した。

❸ 幕末の思想

☐ ①水戸藩の『大日本史』編纂を契機に生まれた学風である〔[44] 〕は、君臣関係の上下を重視する〔[45] 〕と天皇崇拝・外国人排斥という〔[46] 〕とを柱とした学問で、幕末の尊王倒幕運動に大きな影響を与えた。〔[47] 〕や藤田東湖らが代表的思想家である。

☐ ②熊本藩士として攘夷論者であった〔[48] 〕は、西洋の科学技術の長所にめざめ、開国論に転じるとともに、明治政府の殖産興業・富国強兵の政策に影響を与えたが、保守派に暗殺された。

☐ ③佐久間象山に学んだ長州藩の〔[49] 〕は、私塾〔[50] 〕で後進たちに「誠」をもって天皇を中心とした国家の建設を説いた。そして分裂した各藩を、天皇の下に1つとする「〔[51] 〕」を説いたが、安政の大獄で刑死した。

Summary 近代日本の思想

① 啓蒙思想と伝統思想

1 **明六社**：明治6年結成。西洋近代の思想の紹介を通して啓蒙活動をおこなう
発起人は**森有礼**(19C)：『**妻妾論**』で一夫一婦制を論じる
└代表的思想家　**中村正直**(19C)：『**自由之理**』(J. S. ミルの『自由論』の翻訳)
西周(19C)：権利・哲学・主観などの哲学用語を翻訳

2 **福沢諭吉**(19～20C)：英米思想を背景に封建思想を批判
主著『**学問のすゝめ**』『**文明論之概略**』『**西洋事情**』
①**天賦人権論**：「**天は人の上に人を造らず、人の下に人を造らずと云へり**」
②**実学**の勧め：日常生活に有用な学問→基本は**数理学**
③**独立自尊**と国家：「**一身独立して一国独立す**」→官民調和を説いて自由民権運動を批判→晩年は富国強兵と西欧化を進める**脱亜論**を主張

3 **自由民権運動**：藩閥政治に反対し、国会開設などの民主主義的改革を要求した運動
①**中江兆民**(19～20C)：ルソーの『社会契約論』を『**民約訳解**』として漢訳
主著『**三酔人経綸問答**』『**一年有半**』
　├**恩賜的民権**：権力から与えられた権利
　└**恢復的民権**：人民自ら奪い取った権利
　恩賜的民権を恢復的民権に育てる
②**植木枝盛**(19C)：私擬憲法『**東洋大日本国国憲按**』→ロックの抵抗権を取り入れる

4 伝統思想の展開
①**岡倉天心**(19～20C)：東洋美術の優秀さを確信→東京美術学校創設に関わる
②**国粋主義**：明治政府の**欧化政策**を批判し、日本民族と文化の卓越性を主張する思想

西村茂樹(19～20C)	儒教による『**日本道徳論**』を説く→『**教育勅語**』に影響
三宅雪嶺(19～20C)	**志賀重昂**と雑誌『**日本人**』発行→国粋保存を主張
陸羯南(19～20C)	新聞『**日本**』を発行し、国民主義を掲げる

③**国家主義**：国家の価値を最高とし、個人の権利よりも国家を優先する思想

徳富蘇峰(19～20C)	**欧化主義**を批判し**平民主義**を主張→のちに国家主義に
北一輝(19～20C)	極端な排外の**超国家主義**を説く　主著『**日本改造法案大綱**』

② 日本キリスト教と大正デモクラシー

1 日本キリスト教
①**内村鑑三**(19～20C)：クラークの影響が残る札幌農学校でクリスチャンとなる
主著『**余は如何にして基督信徒となりし乎**』『**代表的日本人**』
a．社会問題への関心：一高教授時代に**不敬事件**を起こして退職し、万朝報に入社→**足尾銅山鉱毒事件**を批判し、日露戦争に反対して**非戦論**を展開
b．**二つのJ**：Jesus と Japan の重視→「**武士道に接木されたるキリスト教**」
c．**無教会主義**：パウロ・ルターの影響で、聖書のみに信仰の基礎をおく

②**新渡戸稲造**(19～20C)：札幌農学校に学び、日本精神とキリスト教精神を結びつける→国際連盟事務次長として国際平和に貢献
主著『**武士道**』
③**新島襄**(19C)：同志社を創設し、開かれた教会と共和主義精神の育成をはかる
④**植村正久**(19～20C)：日本のプロテスタント運動の先駆者

2 大正デモクラシー：社会主義運動・**女性解放運動**・**部落解放運動**(**全国水平社**が中心)などの大衆運動がおきる

①社会主義運動(明治期)

片山潜(19C)	キリスト教人道主義から社会主義へ。**社会民主党**設立
安部磯雄(19～20C)	キリスト教社会主義を標榜し、日露戦争で非戦論を展開
幸徳秋水(19～20C)	日露戦争前年に**平民新聞**を発刊、非戦論を展開→のち無政府主義に移行、**大逆事件**で死刑　主著『**廿世紀之怪物帝国主義**』

②大正デモクラシーの思想家

吉野作造(19～20C)	天皇制立憲主義の実情をふまえ、「**民本主義**」をとなえる
美濃部達吉(19～20C)	天皇は国家の統治機関であるという「**天皇機関説**」を説く

③女性解放運動

景山(福田)英子・岸田俊子	自由民権運動から女性解放運動へ
平塚らいてう(19～20C)	雑誌『**青鞜**』を発刊し、女性解放運動に取り組む

3 文学運動と独創的思想家たち

1 文学と近代化

北村透谷(19C)	**ロマン主義**の中心→**内部生命**の発露として「**想世界**」を重視
夏目漱石(19～20C)	日本の近代化は**外発的開化**と批判→利己主義に偏らない**自己本位**を重視→晩年、**則天去私**の境地に　主著『**私の個人主義**』『**現代日本の開化**』
森鷗外(19～20C)	自己の立場をみつめながら社会を受け入れていく**諦念**(**レジグナチオン**)を自己の生き方に　主著『**舞姫**』『**高瀬舟**』

2 独創的思想家たち

西田幾多郎(19～20C)	西洋哲学と禅の思想を融合→主観と客観が分化する前の**主客未分**の直接的経験＝**純粋経験**において実在は現れるとする 主著『**善の研究**』
和辻哲郎(19～20C)	人間は何らかの関係性において存在する**間柄的存在**であると考える　主著『**人間の学としての倫理学**』
柳田国男(19～20C)	民衆(**常民**)こそが日本文化の担い手と考え、民間伝承などをもとに**民俗学**(**新国学**)を確立　主著『**遠野物語**』『**先祖の話**』
柳宗悦(19～20C)	生活用品や無形の職人たちの作品に美を見出し、それらを**民芸**と呼んで、その保存運動を展開

Speed Check! 近代日本の思想

❶ 啓蒙思想と伝統思想

(1) 啓蒙思想

☐ ①明治6年、〔1 〕を発起人として設立された〔2 〕は、近代西洋思想の紹介を通して啓蒙活動をおこなった。代表的思想家としては、ミルの『自由論』を翻訳した〔3 〕や哲学用語の翻訳をおこなった〔4 〕などがいる。

☐ ②明六社の一員で中津藩の下級武士であった〔5 〕は、封建的身分制度を批判し、主著『〔6 〕』のなかで「天は人の上に人を造らず」という〔7 〕を展開した。そして、学問とは日常生活に有用な〔8 〕であり、具体的には数学と理論を備えた〔9 〕だと考えた。

☐ ③彼は、「〔10 〕して一国独立す」と語り、個人の独立自尊と国家の独立を調和的にとらえ、主著『〔11 〕』では古今東西の文明の比較を通して日本の近代化を模索した。しかし、晩年は富国強兵と西欧化を求める〔12 〕を展開した。

☐ ④国会開設などの要求を掲げて〔13 〕が展開されるなか、その理論的指導者とされたのが、ルソーの『社会契約論』を『〔14 〕』として漢訳した〔15 〕であった。彼は主著『〔16 〕』で、権力から与えられた〔17 〕も上手に養い育てることで、自分たちが勝ち得た〔18 〕と変わらない権利となると論じた。

☐ ⑤板垣退助の影響を受けた〔19 〕は、私擬憲法案『〔20 〕』において、ロックの抵抗権の主張を取り入れている。

(2) 伝統思想の展開

☐ ①明治政府の〔21 〕あるいは欧化主義に反発して、明治20年代に日本民族やその固有の文化の純粋性を主張する〔22 〕が登場してきた。日本美術の復興に尽力した〔23 〕は、東京美術学校に着任すると徹底的に西洋美術を排斥したが、「アジアは一つ」として東洋美術全般には大きな評価を与えた。

☐ ②儒教道徳と西洋思想を融合して国民道徳を説いた〔24 〕は、『〔25 〕』に影響を与えるとともに、国粋主義の先駆となった。

☐ ③雑誌『日本人』を発刊した〔26 〕は、志賀重昂や新聞『日本』を発行していた〔27 〕らとともに、日本民族とその文化の卓越性を主張した。

☐ ④政府による上からの西欧化に反対した〔28 〕は、〔29 〕を掲げて下からの近代化をとなえたが、三国干渉を機に国家を優先する〔30 〕へと傾いていった。

☐ ⑤天皇を頂点とする国家社会主義を主張した〔31 〕は、自民族至上主義と対外膨張政策を特徴とする〔32 〕の代表的思想家である。

❷ 日本キリスト教と大正デモクラシー

(1) 日本キリスト教

☐ ①クラークの影響が残る札幌農学校で洗礼を受けた〔33 〕は、一高時代に〔34 〕で教職を追われ、万朝報に入って〔35 〕では田中正造を支援し、日露戦争では〔36 〕を展開した。彼の信仰姿勢は生涯を日本とイエスの「〔37 〕」に捧げるものであり、信仰の基礎を聖書にのみ認め、教会を必要としない〔38 〕の立場をとるものであった。

☐ ②国際連盟事務次長となった〔39 〕は、その著作『〔40 〕』において日本的精神とキリスト教精神とを融合させ、同志社を創設した〔41　〕は開かれた教会を求め、〔42　〕は日本プロテスタント運動の指導者となった。

(2) 大正デモクラシー

☐ ①日清戦争後、日本では産業革命が急速に進展した。そうしたなかで、労働問題などが表面化し、社会主義運動がはじまった。明治期の著名な社会主義者として、社会民主党設立に尽力した〔43　〕やキリスト教社会主義を標榜して非戦論を展開した〔44　〕、さらには〔45　〕を発刊して非戦論を論じた後、無政府主義に傾き〔46　〕で刑死した〔47　〕などがいる。

☐ ②第一次世界大戦後の日本では、〔48　〕と呼ばれる大衆運動がおこった。この中心人物は、天皇制立憲主義という現状のなかで、デモクラシーを「〔49　〕」と訳した〔50　〕や、天皇は法人である国家の統治機関であるという「〔51　〕」をとなえた〔52　〕らである。

☐ ③また〔53　〕を結成して部落解放運動を展開した人々や、女性の権利獲得のために立ちあがった人々もいる。後者では〔54　〕や岸田俊子、さらには「元始、女性は実に太陽であった」とうたった雑誌『〔55　〕』を発刊した〔56　〕などがいる。

3 文学運動と独創的思想家たち

☐ ①日本の開化は〔57　〕であると嘆いた〔58　〕は、他人本位でもない利己主義でもない〔59　〕をみずからの立場とし、近代的自我の探究をおこなったが、晩年は大いなる自然のなかに自己をゆだねる〔60　〕を語った。

☐ ②『舞姫』で知られる文豪〔61　〕は、個人と社会との葛藤のなかで、自己をみつめつつ、他者の立場を受け入れる〔62　〕をみずからの生きる姿勢と考えた。

☐ ③『善の研究』を著した〔63　〕は、真の実在は主観と客観がわかれる前、すなわち〔64　〕の段階における純粋な経験である〔65　〕において現れるとした。

☐ ④西洋の個人は社会や他者と分離して論じられていると考えた〔66　〕は、人間は何らかの関係性において存在するとして、それを〔67　〕と呼んだ。

☐ ⑤日本文化の担い手は、名もない〔68　〕と考えた〔69　〕は、民間伝承をもとに〔70　〕を創始し、〔71　〕は庶民の生活用品に美を見出す民芸運動をおこした。

Summary 生命と環境

① 生命倫理

1 生命倫理学(バイオエシックス)の登場

①背景：医師の知識・技術と患者の**自己決定権**が対立→患者は医師から十分な説明を受けたうえで治療や投薬を受ける**インフォームド・コンセント**が普及

②生命倫理学の基本事項

a．**生命の尊厳**(sanctity of life、SOL)：生命そのもの、あるいは生きていることそのものに価値をおく立場

b．**生命(生活)の質**(quality of life、QOL)：いかに生きるかという、生活あるいは人生の質を重視する立場

2 生命倫理をめぐる現状

①生殖医療と出生前診断

a．生殖医療：**人工授精**や**体外受精**などがおこなわれている→近年では**代理母**による**代理出産**もおこなわれている

b．**出生前診断**：胎児の障がいの有無や男女の性別診断に利用されている

②**生命工学(バイオテクノロジー)**の発達

a．**遺伝情報**：人間の遺伝子 DNA の全体である**ヒトゲノムの解読**や**ゲノムの編集**を通して、**遺伝子治療**に利用

b．**クローン技術**：ある個体と同じ遺伝子をもつ個体を作る技術→**クローン羊ドリー**の誕生→日本では**クローン技術規制法**で人間のクローンを禁止

c．**再生医療**：あらゆる細胞に分化できる**幹細胞**を利用して臓器を再生する
- ES 細胞(**胚性幹細胞**)：受精卵を使用して作られる幹細胞→倫理的な問題
- iPS 細胞(**人工多能性幹細胞**)：体細胞を使用して作られる幹細胞

③**臓器移植**：心臓・肝臓・腎臓・皮膚・網膜などの臓器の移植のこと
- 提供者(**ドナー**)の意思表示(不明の場合は家族の意思)と家族の同意が必要
  - 臓器提供意思表示カード：ドナーの生前の意思(**リヴィング・ウィル**)を表示

3 死をめぐる現状

①死の判定：心臓停止・呼吸停止・瞳孔散大に**脳死**(臓器移植の場合)が加わる

②**尊厳死**：必要以上の延命措置を取らず自然に死んでいくこと＝**自然死**

安楽死：苦痛からの解放のために本人の意思にもとづいて死に至らしめること

③**終末期(末期)医療**：末期患者に人間らしい死を迎えさせようとする医療
- **ホスピス**：末期患者に疼痛緩和をおこない、QOL を重視しながら精神的ケアを中心におこなう医療施設

② 環境倫理

1 **環境問題**：破壊・汚染の種類と現象、および具体的事象からなる

①環境破壊・環境汚染の種類：大気汚染・水質汚濁・土壌汚染

②環境破壊・環境汚染の現象

生態系(エコシステム)の悪化	一定地域に棲息する生物と環境との相互関連システムが悪化 →物質とエネルギーの循環をうながす**食物連鎖**に悪影響
生物種の減少	多様な生物で成り立つ地球生態系における生物種が減少
資源の枯渇	地下資源・森林資源・海洋資源などが漸進的に減少
廃棄物の累積	自然浄化・再生できないプラスチックなどの物質の累積が進む

③代表的な環境破壊・環境汚染

酸性雨	窒素化合物や硫黄化合物を含む雨や雪によって森林や耕作地に被害
オゾン層の破壊	フロンガスによるオゾン層の破壊で皮膚ガンなどの被害
地球温暖化	二酸化炭素などの温室効果ガスで地球全体の気温が上昇
砂漠化	過放牧や過剰な灌漑や焼畑などが表土を流出させ、耕作地が減少

2 環境問題への取り組み

①環境問題への警告

a．「**宇宙船地球号**」：地球は宇宙船で人類はすべて乗組員であるとみなし、環境問題への取り組みをうながす……**ボールディング**の言葉

b．『**沈黙の春**』：農薬の生体濃縮による危険性と生態系の危機を訴える……**レイチェル＝カーソン**の著作

c．**土地倫理**：生態系の総称としての「土地」を敬うべき……**レオポルド**の主張

d．**共有地の悲劇**：土地のもつ許容量を道徳の基準とすべき……**ハーディン**の主張

②国際的取り組み

1971年	**ラムサール条約**：水鳥の生息地である湿地帯の保護を訴える
1972年	**国連人間環境会議**：「**かけがえのない地球**」をスローガンに議論
1992年	**地球サミット(国連環境開発会議)**：「**持続可能な開発**」がスローガン
	気候変動枠組条約：地球温暖化の防止に向けての条約
	生物多様性条約：地球上の生物種の多様性を保全する条約
1997年	**京都議定書**：先進国の温室効果ガスの削減をめざす
2015年	**持続可能な開発目標(SDGs)**採択

3 **環境倫理**：人間と環境との関わりのなかで求められる規範やルールのこと

①**地球の有限性**：地球生態系ではほかの生物への加害を防ぐための倫理的規制が必要

②**自然の生存権**：人間のみならずほかの生物の生存権を守ることで環境も守られる

③**世代間倫理**：現代世代は将来世代の生存権を保障する責任を負っており、環境悪化を防ぐことは現代世代の義務→**ハンス＝ヨナス**の**未来倫理**

4 循環型社会をめざして

①**循環型社会形成推進基本法**：大量生産・大量消費・大量廃棄からの脱却

②「**地球規模で考え、足元から行動を**」：身近なところからの実践が求められる

Speed Check! 生命と環境

1 生命倫理

(1) 生命倫理学(バイオエシックス)の登場

☐ ①先端医療技術の発達によって、医療従事者の専門性と患者の[1]とが衝突し始めたことで、患者の権利や医療従事者の義務や責任を明確にする学問として[2]が登場した。それは、医療従事者のパターナリズム(父権主義)を拒否し、患者が十分な説明を受けた上で治療や投薬の諾否を決定する[3]を確立することとなった。

☐ ②医療活動はSOLすなわち[4]を重視するが、一方で患者の生活や生命の質すなわち[5]を重視する立場も現れている。

(2) 生命倫理をめぐる現状

☐ ①近年、[6]や人工授精など生殖に関する医療が発達している。とくに子宮などに異常のある女性のために代理母による[7]もおこなわれている。

☐ ②また、男女の産み分けや胎児の異常を調べるために、[8]がおこなわれているが、人工妊娠中絶を前提としているとして倫理的な問題を含んでいる。

☐ ③生命工学の発達により、人間の遺伝子DNAの全体である[9]の解読や編集を通して、遺伝子疾患の治療である[10]がおこなわれている。そうしたなかで、[11]はまったく同じ遺伝子をもった個体を生み出す技術として登場したが、人間への適用は日本では禁止されている。

☐ ④あらゆる器官になりうる幹細胞を用いて臓器の再生をおこなう医療を[12]という。受精卵を用いる[13]に対して体細胞から作られる[14]は倫理的問題がないとして、その活用に期待が寄せられている。

☐ ⑤肝臓や腎臓あるいは皮膚などを移植する[15]の技術は、病気に苦しむ人々に希望を与えているが、提供者であるドナーの脳死の問題や患者の生前の意思である[16]と家族の承認をめぐっては課題も残っている。

(3) 死をめぐる現状

☐ ①近年、延命措置の可否をめぐって、必要以上の延命をしない自然死や[17]を求める人が増えている。激しい苦痛からの解放のために本人の意思にもとづいておこなわれる[18]については、法律の制定されている国もあるが、日本ではまだ認められていない。

☐ ②末期患者に人間らしい終末を迎えさせようとする医療を[19]というが、そのための施設を[20]といい、疼痛緩和と精神的ケア中心の医療がおこなわれている。

2 環境倫理

(1) 環境問題

☐ ①環境の破壊・汚染は、一定地域に棲息(せいそく)する生物と環境との相互関連システムである[21]すなわちエコシステムの悪化として現れている。それは、地球の物質とエネルギーを循環させている[22]の減少とその生物間でおこなわれている[23]に対する悪影響というかたちで現れている。さらに、森林や海洋や地下にある資源の[24]や、処理されずに投棄されて累積されている[25]などが、地球環境に大きなダメージを与え続けているのである。

□ ②代表的な環境破壊・汚染として、窒素化合物や硫黄化合物を含んだ雨や雪が作物や建造物に被害を与える[26]や、[27]ガスによる[28]の破壊があり、後者では大量の紫外線が大気圏に侵入して皮膚ガンなどの被害を増加させている。

□ ③二酸化炭素やメタンなどの[29]ガスによっておこる[30]は、海面の上昇によって耕作地や居住地の減少をもたらし、新たな病原菌の増加をまねいている。また[31]は過放牧や行きすぎた灌漑や[32]農業による森林伐採などによって、表土が流失しておこる環境破壊である。

(2) 環境問題への取り組み

□ ①アメリカのボールディングは「[33]」という言葉で地球の有限性に対する注意を喚起し、海洋学者[34]は、その著書『[35]』のなかで農薬による生体濃縮と生態系の危機を警告している。

□ ②また、アメリカの環境学者[36]は、生態系の総称としての土地を敬うべきだという倫理を提唱し、生物学者[37]は「[38]」という言葉で、土地のもつ許容量を倫理の基準とすべきだと提案している。

□ ③環境問題の国際的取り組みとしては、1971年に水鳥の生息地としての湿地帯の保護を訴えた[39]の締結が始まりで、翌1972年には「[40]」をスローガンとしてストックホルムで[41]が開催された。そして1992年にはリオデジャネイロで「[42]」を標語として[43]が開催され、「リオ宣言」が採択された。

□ ④1992年には、地球温暖化阻止に向けた[44]と生物種の多様性を保全する[45]も採択された。そして、こうした国際的な環境保護の動きのなかで、先進国の温室効果ガスの削減を目的として採択されたのが[46]であったが、アメリカや中国やインドといった大量の二酸化炭素排出国が参加しなかったことが問題となった。

□ ⑤2015年には、持続可能な開発目標すなわち英語の略記号で[47]といわれる17の目標が国連総会で採択された。

□ ⑥人間と環境とのあいだにおいて求められる規範のことを[48]というが、それには地球の有限性、自然の生存権、および現代世代は将来世代に対する生存権を保障する義務を負うという[49]などの主張がある。

□ ⑦長い年月をかけて破壊・汚染されてきた地球環境は、短い年月では改善しないが、「[50]で考え、[51]から行動を」という考えは、大切な標語である。

Summary 家族・地域社会と情報社会

① 家族と地域社会

1 家族の変容

a. 結婚した子どもが親と同居する拡大家族が減少→**核家族**が増加

b. 教育・医療・介護などの機能が、学校や病院や介護施設などに移っていく**家族機能の外部化**が進行

2 女性の社会進出

a. **フェミニズム**：18世紀以来、教育・職業における男女の機会均等がさけばれる

b. ジェンダーフリー：歴史的・社会的に作られてきた性(**ジェンダー**)からの解放が求められる

c. **男女雇用機会均等法**：雇用分野における男女の平等をはかる

d. **男女共同参画社会基本法**：男女が人権を尊重し、責任を分担していくことを求める

e. **育児・介護休業法**：男女の労働者に、育児や介護のための休業を保障

3 少子化と高齢化社会

①**合計特殊出生率**の低下：女性が一生のあいだに産む子どもの数が低下→**少子化**

②高齢社会の出現：総人口に65歳以上人口が占める割合が14％を超えると**高齢社会**、21％を超えると**超高齢社会**となる

③高齢社会の福祉(ふくし)

a. **福祉**：児童や老人など生活に不安を感じている社会的弱者に援助を行う政策

b. 介護の問題：老老介護・独居老人・孤独死などの問題が多発

- 他者への共感や自他の相互関係を重視する介護が重要
  - アメリカの心理学者**ギリガン**の説く**ケアの倫理**
- **介護保険制度**：40歳以上の被保険者が保険料を払い、65歳から要介護認定を受けた者が介護のサービスを受けられる

4 新しい地域社会

①**地域社会(コミュニティ)**：共同体意識をもつ人々が、一定地域に住む近隣組織

②**地域共生社会**：多様な人々が生きがいや役割をもって助けあいつつ暮らす地域社会

- **多様性(ダイバーシティ)**の尊重：人種・宗教・性別などの違いを認めあう
- **ノーマライゼーション**：高齢者や障がい者や外国人など、さまざまな人々で構成される社会が健全な社会だという考え方
- 2006年に**障害者権利条約**の成立→2011年に**障害者基本法**を改定、自立や社会参加を支援して一人ひとりを大切にする共生社会をめざす

③**ボランティア**：老人会の世話や子ども会の指導などとともに、災害時には支援や救援をおこなう自発的奉仕活動

- 1995年 **阪神(はんしん)・淡路(あわじ)大震災**発生時→全国から多くのボランティアが参加
- 2011年 **東日本大震災**の発生→阪神・淡路大震災の経験をふまえた活動が展開

2 情報社会

1 情報通信技術(ICT)革命

①**スマートフォン**などの高性能で小型化したコンピュータと高速化・大容量化した通信技術があわさって、産業構造や**マスメディア**や日常の生活が激変
→政府は未来の社会像として、仮想空間と現実空間とを融合したシステムにより経済発展と社会的課題の解決をめざす**Society5.0**を提唱

②通信ネットワーク社会の拡大
- **双方向性**をもつ**インターネット**の登場→世界全体が巨大なネットワーク社会に
- Webサイトに情報を公開する**ブログ**やネット上で自由に意見交換や交流ができるSNSなどの**ソーシャルメディア**の普及→ネット社会はさらに拡大

③**人工知能(AI)**の実用化
- インターネット上に蓄積(ちくせき)された多様で膨大(ぼうだい)な情報(**ビッグデータ**)を解析(かいせき)し、学習していく**ディープラーニング(深層学習)**能力をもつ
- 2045年にはAIが人類と同等の知能を有する**特異点(シンギュラリティ)**がやってくると予測される

2 **情報社会**の問題と倫理

①**マスメディア**の功罪：マスメディアは政治・経済・社会などの情報を提供する働きをもつ→しかし、**フェイクニュース**や情報操作の危険性ももち、情報の真実性を検証する**ファクトチェック**(真偽検証(しんぎけんしょう))の必要性も高まっている

②**デジタル・デバイド**の拡大：情報機器の所有や操作能力の有無が新たな格差を生む

③ネット犯罪の多発：インターネットのもつ**匿名性**(とくめいせい)を利用しての**プライバシー**の侵害や、**コンピュータ・ウィルス**などの**サイバー犯罪**が発生

④**管理社会**の登場：事務処理能力の向上→情報の規制や操作によって人々の生活を管理できるようにもなる
- **リップマン**は、情報の意図的な世論操作がおこなわれる危険性を指摘

⑤**知的財産権**の侵害：従来の**著作権**・特許(とっきょ)権・意匠(いしょう)権にくわえて、ソフトウェア開発なども権利となり、その侵害が問題に

3 情報社会の課題

①情報選択能力の開発：「情報の洪水」状態のなかで、自分にとって必要な情報を的確に選択することのできる能力である**情報リテラシー**や、得られた情報の真偽を多角的な観点から判断する**批判的思考力(クリティカル・シンキング)**を身に付けることが重要

②個人情報の保護：情報による国民の管理が進む→個人情報の保護が重要な課題に
- **個人情報保護法**(2003年改定)の成立

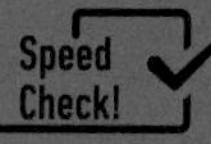

家族・地域社会と情報社会

1 家族と地域社会

(1) 家族の変容

☐ ①現在の日本社会では、夫婦と未婚の子どもまたは一組の夫婦、またはひとり親と未婚の子で構成される〔1　〕や、単独世帯が増加している。

☐ ②かつて家族が担っていた教育や看病や介護といった機能を、学校や病院や施設などに委託する〔2　〕が拡大しつつある。

(2) 女性の社会進出

☐ ①18世紀以来、女性の権利や自由を求める〔3　〕の運動が展開されてきたが、現代では歴史的・社会的に作り出された性である〔4　〕からも自由になろうとする動きが盛んである。

☐ ②1985年に制定された雇用分野における男女の平等をはかる〔5　〕は1999年に改訂され、1996年には男女がたがいの人権を尊重しつつ対等な関係で社会に参画していくことを求める〔6　〕が成立し、1997年には〔7　〕が成立して男女が平等に育児と介護に関われるように制度が整えられた。ただし、現実には育児と介護の負担が女性に集中するなどの問題が残っている。

(3) 少子化と高齢化社会

☐ ①女性が一生のあいだに産む子どもの数である〔8　〕が低下し、〔9　〕が進んでいる。他方、日本では65歳以上の人口が全人口に占める割合が21％を超える〔10　〕に突入しているのが現状である。

☐ ②社会的弱者に援助をおこなう政策である〔11　〕は高齢者にも向けられており、心身に助けをおこなう〔12　〕は一層重要な活動になっている。この活動に関して、アメリカの心理学者〔13　〕は、他者への共感や自他の関係性を重視する〔14　〕を説いている。

☐ ③日本では40歳以上の被保険者が保険料を払い、65歳から介護認定を受けた者が介護サービスを受けられる〔15　〕が成立している。

(4) 新しい地域社会

☐ ①〔16　〕とは、共同体意識をもつ人々が住む地域をいうが、近年、人種や宗教や性別などの〔17　〕を尊重しあい、高齢者や障がい者などさまざまな人々で構成される社会が健全だとする〔18　〕の考えも取り入れつつ、住民が生きがいや役割をもって助けあいながら暮らしていける〔19　〕がめざされている。

☐ ②障がいをもつ人の尊厳と権利を保障するために、日本政府は、2006年に国連で採択された〔20　〕を受けて2011年に〔21　〕を改訂し、国民が障がいの有無によってわけへだてられることなく、共生できる社会をめざすことが宣言された。

☐ ③老人会の世話や子ども会の指導などの日常的な支援だけではなく、災害時などに支援や救援をおこなう自発的な活動である〔22　〕は、1995年に西日本に発生した〔23　〕で一躍注目を集めることになった。その後、2011年の〔24　〕のときには、それまでの経験をふまえた活動が展開した。

❷ 情報社会

⑴ 情報通信技術(ICT)革命

☐ ① ICT すなわち［25 ］の飛躍的な発展は、高性能で小型化したコンピュータ機能をもつ携帯電話［26 ］の登場や、高速化・大容量化した通信技術の登場によって、産業構造だけではなく教育や消費などの日常生活も激変させた。

☐ ②政府は情報社会のあとに続く社会として、仮想空間と現実空間を融合させたシステムによる人間中心の社会として［27 ］を未来の社会像として示した。

☐ ③［28 ］は情報の発信と受信が同時におこなわれる［29 ］を特質としており、それが世界各地を巨大なネットワークで結びつけている。とくにネット上で自由に意見交換や交流のできる［30 ］などソーシャルメディアの普及や Web 上に情報を公開するブログの普及はさらにネット社会を拡大させている。

☐ ④［31 ］と略記号で示される人工知能は、インターネット上に蓄積された多様で膨大な情報である［32 ］を解析し、学習していくという［33 ］の能力をもっており、2045年には人工知能が人類と同等の知能を有する［34 ］がやってくると予想されている。

⑵ 情報社会の問題と倫理

☐ ①新聞やテレビなどの［35 ］は、政治・経済・社会の情報を提供する働きをもつが、一方で［36 ］という虚偽情報の流布などの危険性ももっている。

☐ ②また、情報機器の所有や操作能力の有無は教育や就職などに影響し、［37 ］という格差を生み出しつつある。

☐ ③インターネット上の情報は、発信者名が明示されない［38 ］という特性をもつため、［39 ］の侵害や、PC への攻撃やデータの窃盗などをおこなう［40 ］による感染などの［41 ］を発生させている。

☐ ④事務処理能力の向上は、情報の規制や操作によって人々の生活を管理する［42 ］を出現させたが、アメリカの［43 ］は意図的な世論操作がおこなわれる危険性を指摘している。

☐ ⑤従来からあった著作物に関する［44 ］や特許権や意匠権に加えて、ソフトウェア開発なども権利となり、［45 ］の侵害の幅が広がりつつある。

⑶ 情報社会の課題

☐ ①現代は「情報の洪水」といわれる情報過剰の時代である。それだけに情報の的確な選択能力である［46 ］を高めるとともに、得られた情報の真偽を多角的な観点から判断する［47 ］を身に付けることが求められている。

☐ ②個人情報の利用はマイナンバーカードに代表される有用な利用もある一方、国民の個人情報を管理するという危険な部分ももっている。そのため、個人の権利や利益を守るために［48 ］が制定されている。

Summary 異文化理解と人類の福祉

① グローバル化と多文化共生

1 国際社会の成立：17世紀、主権国家を主体として国と国との交流が本格化
グローバル化の進展：経済活動を先駆(せんく)として、環境問題や民族紛争、資源問題など地球レベルで協力しなければならない問題が発生

2 グローバル化と異文化理解
①文化交流：国際化の進展はたがいの国や民族の文化を交流させていく
└**文化摩擦**(まさつ)や**宗教摩擦**、あるいは**カルチャーショック**によって誤解や偏見や差別が生まれることも少なくない
↓
②**異文化理解**：真の国際化には、相互の文化を理解する努力が必要

3 グローバル化時代の基本姿勢
①**エスノセントリズム(自民族中心主義)**の克服
├自民族の文化を誇(ほこ)り、他民族の文化を蔑視(べっし)する態度
└**オリエンタリズム**：西欧諸国は誤解や偏見によって東方世界を蔑視してきたと、**サイード**は指摘
②**文化相対主義**：それぞれの国や地域の文化には、独自の価値と意味があり、優劣(ゆうれつ)はつけられないという立場
③**多文化主義(マルチカルチュラリズム)**：1つの社会に対等な複数の文化が共存することを認める立場
└国内の主流民族への同化を強制する**同化主義**に対抗する立場
　└かつて日本は、植民地化した朝鮮半島の人々に日本名を名乗る創氏改名(そうしかいめい)を強(し)いたり、先住民族アイヌの人々に同化を強要したりした

② 国際平和と人類の福祉

1 現代民主主義の理念
①**世界人権宣言**：「すべての人間は、生まれながらにして自由であり、尊厳と権利について平等である」
②**子どもの権利条約**：子どもは単なる保護の対象ではなく権利の主体であるとする
→子どもにも表現の自由や集会の自由などを認める

2 戦争と人権抑圧
①**ファシズム**：自由や人権の抑圧(よくあつ)によって、全体主義・軍国主義をとなえる政治
└**ナチス**：ヒトラーを党首とするファシズム政党で、**アウシュヴィッツ強制収容所**などで**ユダヤ人の虐殺(ぎゃくさつ)(ホロコースト)**をおこなう
②広島・長崎への原爆投下：広島では約14万人、長崎では7万人以上の犠牲者(ぎせいしゃ)(1945年末)
③**同時多発テロ**：2001年、イスラーム過激派アル・カーイダによるテロで、約3000人が犠牲となる

3 平和と福祉を実現するための条件と活動

①国際平和機関としての**国際連合**の設立

②**ラッセル・アインシュタイン宣言**：哲学者ラッセルと物理学者アインシュタインが核兵器の廃絶を訴える

③**核拡散防止条約(NPT)**：1968年に締結された英・米・仏・中・ソ以外の国の核保有を認めない条約

④**核兵器禁止条約**：2017年に国連において採択された、核兵器の保有や使用を禁止する条約→唯一の被爆国である日本は、反対票を投じる

⑤戦争責任：西ドイツの大統領**ヴァイツゼッカー**は、講演「**荒れ野の40年**」のなかで、「**過去に目を閉ざすものは、結局、現在にも目を開かなくなります**」と語り、戦争責任を明らかにする

4 人類の福祉

①飢餓(きが)・飢饉(ききん)・貧困からの解放

a．各国のスラムの解消やホームレスなどの救済

b．極貧国や発展途上国への援助→**政府開発援助(ODA)**

c．**フェアトレード**：途上国から適正価格で商品を購入することで、途上国の人々の生活改善や自立をうながす貿易

②**セン**(20～21C　インド)

└**ケイパビリティ(潜在能力)**：健康・誇り・教育など善い人生を送るために必要な機能の集合のこと→その開発が実質的な福祉

↓

国家の安全保障を補完する、人間の可能性の開発による**人間の安全保障**を主張

③人権問題の解決

a．差別や偏見あるいは政治的抑圧などによる人権侵害の排除

b．ストリート・チルドレンなどの救済やユニセフによる子どもへの支援

c．**難民**の救済：戦争や宗教的・政治的信条などで、国を追われた人々の救済

└**国連難民高等弁務官事務所(UNHCR)**：緒方貞子(おがたさだこ)が高等弁務官に就く

d．人種差別や民族差別の撤廃(てっぱい)→人種差別撤廃条約

④他者との共生

a．**「ユネスコ憲章」**：教育・文化・科学を通して国家間の協力で平和を実現

└「戦争は人の心の中で生まれるものであるから、人の心の中に平和のとりでを築かなければならない」

b．海外ボランティア活動：**NGO** や **NPO** による活動→国境なき医師団や青年海外協力隊などの活躍

Speed Check! 異文化理解と人類の福祉

1 グローバル化と多文化共生

(1) グローバル化と異文化理解

☐ ①17世紀以降、主権国家間の交渉が本格化し、国際社会が形成されていった。20世紀の後半になると、通信機器と交通網の発達によって、国境をこえてヒト・モノ・情報が交流するボーダレス化が進んだ。さらに、経済活動を先駆として、環境問題や民族紛争などのように地球レベルで取り組まなければならない問題が発生し、[1]も進展した。

☐ ②国境をこえ地球レベルで人々が交流を深めることは、文化の交流をもたらすことになった。しかし、それは自文化とは異なる文化と出会うときに[2]という衝撃や、さらには異文化どうしの対立という[3]や宗教摩擦を引きおこすことも少なくない。こうした事態を避けるためには、たがいが[4]を進めていくしかない。

(2) グローバル化時代の基本姿勢

☐ ①かつて日本は、周辺地域の人々の文化を蔑視(べっし)し自国文化の優秀性を誇るという[5]におちいっていた時代があった。こうしたことは西欧にもあり、アメリカの文明評論家[6]は、西洋の人々が東洋に抱く一面的で画一的なイメージは[7]といわれ、西欧は東洋に負のイメージを押しつけることで植民地支配を正当化しようとしたのだと論じている。

☐ ②このように自民族文化を中心に世界をみるのではなく、レヴィ＝ストロースが文明論で指摘しているように、それぞれの文化には固有の価値があるのだという[8]の立場こそ重要である。

☐ ③また、かつて日本は先住民族の[9]の人々や植民地支配をおこなった台湾・朝鮮半島の人々に日本文化を押しつけたことがあった。こうした考え方は[10]と呼ばれるが、それは他民族を抑圧し他民族文化を抹殺することになる。世界のほとんどの国は多民族国家である。そうした状況のなかで、複数の文化が対等の関係で共存することを認める[11]は重要な考え方である。

2 国際平和と人類の福祉

☐ ①「すべての人間は、生まれながらにして自由であり、尊厳と権利について平等である」という言葉は、『[12]』の第一条の言葉である。また、1989年に国連総会で採択された『[13]』は、意見表明の権利や集会の自由などの権利を子どもにも認めた国際条約である。

☐ ②自由や人権の抑圧によって全体主義・軍国主義の政治をおこなう政治形態を[14]というが、ヒトラーを党首とする[15]はその代表的な政党で、彼らがユダヤ人虐殺のために建てた[16]はその象徴とでもいうべき建造物である。

☐ ③また、太平洋戦争末期に広島と長崎に投下された[17]によって、1945年末の時点で広島では約14万人、長崎では７万人以上の人々が犠牲になった。さらに、2001年９月11日、イスラーム過激派アル・カーイダによる[18]では、約3000人の犠牲者が出た。

☐ ④第二次世界大戦後、国際社会は平和への努力を重ねてきた。哲学者[19]と物理学者アインシュタインは核廃絶を訴え、1985年に西ドイツの大統領[20]は議会でおこなった演説『[21]』のなかで、「過去に目を閉ざすものは、結局、現在にも目を開かなくなります」と語って、戦争責任を明らかにした。

☐ ⑤中国が核実験に成功したあと、これ以上の核兵器の拡散を防止するために、1968年に英・米・仏・中・ソの5カ国以外の国の核保有を禁止する[22]が締結された。

☐ ⑥2017年、将来の核兵器全廃に向けて核兵器の保有や使用を禁止する[23]が採択されたが、アメリカの核の傘の下にある日本は反対票を投じた。

☐ ⑦飢餓や貧困からの解放のため、各国は途上国に対するODAすなわち[24]をおこなっている。また、単なる援助ではなく途上国の人々の自立と生活改善のために、適正価格での取引をうながす[25]も重要な援助といえる。

☐ ⑧福祉(welfare)とは「善い暮らし」を意味するが、その基準は人や国によって異なる。ノーベル賞学者[26]は、健康・教育・誇りなど善い人生を送るために必要な機能の集合を[27]と呼び、その開発が実質的な福祉になると考えた。そして、国際平和のためには従来の「国家の安全保障」に代えて、人間の可能性の開発こそが平和をもたらす要因となるという「[28]」を提唱した。

☐ ⑨差別や偏見あるいは政府による抑圧など、世界には多くの人権を抑圧する事象が溢れている。そうしたなかで、とくに被害を受けやすい子どものために、国連の機関の1つ[29]は、食糧・医薬品・医療などの援助を通して子どもの救済をおこなっている。

☐ ⑩1965年の国連会議で採択された[30]は、「人種的相違に基づく優越性」には何ら科学的根拠はないとし、その非人道性を非難している。

☐ ⑪戦争や紛争あるいは宗教や政治的信条によって迫害を受けて国を追われた人々を[31]というが、こうした人々を救済するための国連の機関が[32]で、日本の緒方貞子は10年間、高等弁務官の職にあった。

☐ ⑫教育・文化・科学を通して国際平和を求める国連の機関[33]は、その憲章の前文で「[34]は人の心の中に生まれるものであるから、人の心の中に平和のとりでを築かなければならない」と宣言している。

☐ ⑬その他、国内だけではなく海外でもボランティア活動をおこなう人々もいる。日本ではJICAの下部組織である青年海外協力隊は、途上国の農業・教育などの分野で指導・援助をおこなっている。また民間の組織としては国内をおもな活動場所とする非営利団体の[35]があり、日本では法律によって法人格が与えられている。また[36]は平和・環境・人権などの問題に取り組む民間組織で、国際的に活動することが多い。後者の例としては、災害や紛争地におもむき医療活動をおこなっている[37]が代表的な団体である。

Attack 1 人間と自然

☐ ①ギリシア語で自然は[1]といわれ、人為という意味のノモスと対比されている。また、この言葉は本性とも訳され、[2]という言葉の英語(human-nature)の nature は、人間の本性あるいは人間のうちにある自然を意味している。

☐ ②ギリシア語で宇宙を意味する[3]という言葉は、「混沌」と訳されるカオスに対比され、秩序ある状態を意味する。この秩序を神ではなく自然のなかにある原理によって説明しようとしたのが、タレスに始まる[4]であった。

☐ ③老子は万物がそこから生まれそこへと帰っていく根源を[5]と呼んだ。それは「為(な)すなくして、而(しか)も為さざるはなし」というあり方を特質としているが、この超越者の内に存在する人間も、それに従って[6]というあり方をとることが本来的な生き方だ、という。

☐ ④自然は一切の対立や区別もなく、すべてが1つであるという[7]を説いた荘子は、作為や分別を捨てて自然と一体となって遊ぶ境地を[8]と呼び、そうした境地にある人を「真人」と呼んで理想とした。

☐ ⑤気候・地形・植生などが人間に与える影響からとらえた自然環境を[9]と呼んだ和辻哲郎は、日本の環境を[10]型と考え、豊かだが気まぐれな自然のなかで人々は忍耐強い気性と文化を育てたという。

☐ ⑥自然の本来的な営みは万物を生み育てることであり、この営みに参画することが人間の真実なあり方だと考えた江戸時代の思想家[11]は、すべての人がみずから大地を耕して自給自足の生活を送る[12]を天地の本道と考え、それが実現した理想社会を[13]と呼んだ。

☐ ⑦ニュートンの[14]の法則に代表される近代自然科学の幕開けは、物体と精神を2つの実体とする[15]を基礎として、自然現象を物体相互の因果関係によってのみ説明しようとする[16]を生み出すことになった。

☐ ⑧科学的合理精神は人間や社会にも向けられ、人間の本性である理性に基礎をおく普遍的な法として[17]という観念を生み出した。そしてこの法観念によって政治社会が生まれる前の[18]を想定し、人間が生まれながらにもつ権利として[19]が説かれ、社会契約説を生み出していった。

☐ ⑨[20]は科学的知識は自然を征服する力であると『ノヴム・オルガヌム(新機関)』のなかで語っているが、環境破壊の進む現代では人間と自然の[21]こそが大切だとされるようになってきている。

☐ ⑩一定地域の生物群と環境とによって作られるシステムは[22]と呼ばれるが、その一員である人間自身の自覚なくしては環境破壊から地球を守ることはできないことを、[23]は『沈黙の春』のなかで警告している。

Attack 2 価値と道徳

☐ ①「大切なのはただ単に生きることではなく、[1]である」と語ったのは、ソクラテスである。人間は意味や価値のない生を生きることはできない。アウシュヴィッツ強制収容所を経験したドイツの精神科医[2]は、人間は「生きる意味」を求める限り、希望をもって生きることができると語っている。

☐ ②ソクラテスは魂の善さすなわち[3]を求めたが、それは漢字で「徳」と表記され、中国でも精神的な卓越性を意味し、孔子は[4]という有徳者による政治を求めた。

☐ ③孔子の思想的後継者である孟子は、仁・義・礼・智という徳の端緒に関して[5]を説いたが、ソクラテスの弟子プラトンは理性の徳である[6]にすぐれた支配者による政治である[7]を説いている。

☐ ④孔子の説く道徳論は、宋時代の[8]によって理論的な哲学体系へと発展させられたが、その[9]二元論は江戸幕府の林羅山に影響を与え、「君は尊く民は卑しきぞ」とする[10]という理論の基礎となった。

☐ ⑤江戸朱子学が支配者の道徳を説いたのに対して、中江藤樹は万物を貫く原理として[11]を説き、伊藤仁斎は古代の清明心に通じる[12]を説いた。また、経世済民を目的とする安天下の道こそが支配者の道だと説いたのは[13]である。

☐ ⑥プラトン哲学によってキリスト教教義を基礎づけた[14]は、パウロの説いた信仰・希望・愛をギリシア的三元徳の上に位置づけた。しかし、実存主義の先駆者ニーチェはキリスト教は弱者の[15]によって成り立つ宗教であり、その道徳を[16]と呼んで非難した。

☐ ⑦理性によって見出された道徳法則にみずから従う自律的な自由の主体を、カントは[17]と呼んだが、その法則は行為そのものを目的とするため、ただ単に「…せよ」とだけ命じる。この無条件の命令を[18]という。

☐ ⑧カント道徳の主観性を批判したヘーゲルは、自由を本質とする[19]は主観的・内面的自由である道徳に、客観的・外面的強制力としての[20]を対置し、この2つを弁証法的に統合した[21]においてより高次な自由が実現するとした。

☐ ⑨快楽と苦痛を善悪の基準とする功利主義を説いた[22]は、快苦は人間の行動原理であるとともに、行動に制約を与えるものでもあると考えた。その制約を[23]と呼んだ彼は、道徳的な制約は他人からの叱責や非難といったかたちで現れると考えた。これに対して、質的功利主義を説く[24]は、道徳的義務に反したときの良心が、その人の行動に制約を加えるとした。

Attack 3 個人と社会・自己と他者

□ ①人間は個人として存在しながら、同時に社会を構成する一員である。その個人的特性を伸ばしていくことを[1]といい、社会の一員として必要な慣習や規範を身につけていく[2]と一体となって、人間は人間となるのである。

□ ②[3]が確立するというのは、自分は自分だという確信と、自分は社会のなかで一定の役割をはたしているという自信が生まれ出ることであり、そのことが青年期の[4]である、とエリクソンは語っている。

□ ③「人間は[5]的(社会的)動物である」と語ったアリストテレスは、その結合原理として相手に善をもたらす[6]すなわち友愛と、秩序原理として[7]をあげている。

□ ④国家を形成するに際して、自然権の国家への[8]を説くホッブズの立場は、個人よりも国家を優先する思想となり、自然権の国家への[9]を説くロックの思想は、国家よりも個人に重きをおく立場といえる。

□ ⑤[10]が『経済学・哲学草稿』のなかで説いている[11]とは、労働が苦痛となるだけではなく、他者と協力し労働を通して自己実現をはかるべき人間が、たがいに対立しあっている状況をいう。

□ ⑥人間は他者との関係のなかで「〜としての自分」でしかない。この自分を本来的でないと感じる不安から逃れ、日常性に埋没して生きている人間をハイデッガーは「[12]」と呼んでいる。

□ ⑦人間は何らかの状況のなかに生きているが、自分が自分となるためにはこの状況のなかにみずからを拘束し参加していかなければならない。そのことをサルトルは[13]と呼んでいるが、それが他者と関わるがゆえにみずからの生き方の選択には[14]がともなうという。

□ ⑧われわれは、自己を中心とした世界に固執して他者の呼びかけに耳を傾けない。リトアニア出身のフランスの思想家[15]は、自分にとって絶対的な他者の他者性を「[16]」と呼び、その苦痛を受け入れるような倫理的主体を形成することが重要だと『[17]』で語っている。

□ ⑨日本の近代化を[18]と考えた夏目漱石は、他人本位と利己主義のいずれにもかたよらない[19]をみずからの立場と位置づけたが、晩年の彼はそうした自我の問題から離れ、[20]の境地に至ったとされている。

□ ⑩欧米では個人を社会と対立するものととらえているが、それは人間を抽象的にとらえている、と批判した[21]は、人間を親子や兄弟といった関係性においてとらえ、そのあり方を[22]と表現した。そして、その構造は個人と社会の緊張関係のなかで弁証法的に成り立つと考えた。

Attack 4 幸福と理想社会

□ ①快楽は善であり幸福であるという考えを〔1　〕というが、ヘレニズム時代の〔2　〕は、快楽は永続的な精神的快楽をよりすぐれたものと考え、心が乱されない〔3　〕の状態を理想と考えた。そのためには、できるだけ公的な仕事に就かないよう「〔4　〕」と説いている。

□ ②〔5　〕哲学の思想家アウグスティヌスは、欲望と罪の渦巻く地上の国に対して、永遠の命と幸福が約束されている〔6　〕とを対置し、そのあいだを結ぶ教会の役割を強調した。

□ ③カントは幸福を目的とした行為に〔7　〕を認めない。なぜならそれは自愛の原理によって生まれた行為であり、行為そのものを目的としないからである。

□ ④ベンサムは、快楽を求め苦痛を避けるという事実を〔8　〕の原理ととらえ、幸・不幸もこの原理によって説明しようとした。しかし、J. S. ミルは幸福は自分を取り巻く関係者全員の幸福でなければならないと考え、イエスの〔9　〕を理想と考えた。

□ ⑤「哲学者が王となって統治するのでないかぎり……国々にとって不幸のやむときはない」という言葉は、プラトンの『〔10　〕』に記されているが、この哲学と政治権力との結びつきを説く彼の思想を〔11　〕という。

□ ⑥人間は善さを求めて生きているが、ほかの善さのための手段とならず、それ自体が目的である善を〔12　〕と呼び、これを人々は幸福と呼んでいると語ったアリストテレスは、人間の幸福は理性を十分に働かせた〔13　〕的生活にあると語っている。

□ ⑦「〔14　〕を為せば、則ち治まらざるなし」という老子の政治思想は、必要最小限の人と物とで構成される〔15　〕を理想の国とする思想となった。

□ ⑧イギリスの人文主義者〔16　〕は、当時の囲い込み運動を批判して、公有財産制度にもとづく理想社会を思い描いたが、「〔17　〕」というその社会は、「どこにもない場所」という意味である。

□ ⑨「〔18　〕」と語って、科学的知識は自然を征服する力となると考えたベーコンは、科学知識がもたらす理想の社会を『〔19　〕』という作品のなかに描いた。

□ ⑩〔20　〕は個人と社会とを統一する意志であり、主権者である個人の自由と社会全体の幸福をめざすという道徳性に基礎をおく。そして、その意志は分割や譲渡ができないため、すべての国民が直接政治に参加しなければならないというのが、〔21　〕の思想である。

□ ⑪平安時代後期に流行した末法思想は、西方彼方に〔22　〕の住む浄土があり、そこへの往生を願うという浄土信仰を生み出した。

Attack 5 理性と感情

☐ ①ギリシア語で理性は〔[1] 〕といわれるが、それはlegein（語る）を語源としている。ここから、この言葉は論理・理法・言葉などの意味をもつことになった。一方、感情はギリシア語でパトスといわれ、ゼノンの〔[2] 〕という概念は、この感情・情念の否定を意味する言葉である。

☐ ②人間の魂を分析し、それを理性と〔[3] 〕と欲望とに分類したのはプラトンであるが、アリストテレスは理性のうち真理に関わる働きを〔[4] 〕と呼び、行為の適・不適を判断する働きを〔[5] 〕と呼んでいる。

☐ ③仏陀は、悟りに至るには極端な快楽主義や苦行主義におちいらない〔[6] 〕を説いたが、それは単なる真ん中ではなく、正しい認識である〔[7] 〕や正しい思考である〔[8] 〕を必要とするものであった。

☐ ④「人間は〔[9] 〕である」と語り、人間の偉大さを「考える」ことにおいたパスカルは、人間精神を厳密な推理による分析的認識に必要な〔[10] 〕と、直感的・総合的な認識に関わる〔[11] 〕とにわけた。

☐ ⑤〔[12] 〕すなわち理性は「この世で最も公平に与えられたもの」と語るデカルトは、理性を能動的精神と考え、驚きや喜びなどの６つの〔[13] 〕を受動的精神として、前者による後者の統御を説いた。

☐ ⑥ストア派によって宇宙を貫く理法として説かれた理性は、近代に入って人間の本性と考えられ、その理性の導くところに普遍的な理法である〔[14] 〕があると考えられるようになった。『戦争と平和の法』を著したオランダの〔[15] 〕は、そうした考えをもった最初の人といわれている。

☐ ⑦理性に対する信頼の上に立って、偏見や因習などの不合理を打破しようとした思想は〔[16] 〕といわれ、18世紀のフランスで最盛期を迎え、『哲学書簡』を著した〔[17] 〕や『〔[18] 〕』を編集したディドロやダランベールなどがいる。

☐ ⑧カントは理性そのものの働きを批判的に検討し、〔[19] 〕理性の働きは自然界にのみ限定され、神の存在や自由といった問題は〔[20] 〕理性の要請にもとづくものだと考えた。

☐ ⑨「理性的なものは現実的であり、現実的なものは理性的である」と考えるヘーゲルは、人間の歴史は〔[21] 〕を本質とする〔[22] 〕がみずからを展開する過程であるととらえた。

☐ ⑩〔[23] 〕やアドルノを中心とする〔[24] 〕学派の人々は、近代理性はその重要な働きである批判的精神を忘れ、科学技術のための道具に成り下がっているとし、それを〔[25] 〕と呼んだ。

☐ ⑪構造主義の思想家〔[26] 〕は、近代理性は権力の側に立って、社会規範から逸脱するかのような行為を〔[27] 〕として封じ込めてきた、と批判した。

Attack 6 学問と教育

□ ①体系化された教育は、いったん、青年期で終えられる。しかし、超高齢社会を迎えた現代では、高齢者が生きる喜びすなわち〔1　〕を見出せるよう、学校を社会化し、社会を学校化することによって、〔2　〕の機会が与えられることが望まれている。

□ ②アテネの街頭に立って青年たちと問答を交わしながら、みずからの魂が善くあるように気遣うこと、すなわち〔3　〕を説いたソクラテスは、真実や真理は青年みずからが思索によって生み出すものであり、自分はそれを手助けしているだけだと語り、問答法のことを〔4　〕と呼んだ。

□ ③プラトンはアテネ郊外に学園〔5　〕を建てて教育と学問の場としたが、この学園に学んだアリストテレスものちにアテネにリュケイオンを建て、師の学説を批判することとなった。

□ ④９世紀以来、教会付属の学校で学ばれた〔6　〕という哲学は、おもにキリスト教の教義や信仰についての学問が中心であった。この哲学は、科学的真理と宗教的真理とを信仰の優位に立って調停した〔7　〕のときに最盛期を迎え、その後はしだいに衰退していった。

□ ⑤ベーコンは、実験や観察によって集積された事実から真理や法則を導き出す〔8　〕を学問の方法と考えたが、デカルトは、明晰判明な原理にもとづく推論によって個別の真理を導き出す〔9　〕を学問の方法と考えた。

□ ⑥人間は具体的な生活のなかで、さまざまな問題に出会いながら生きている。それゆえ、教育の目的はそうした問題を解決するための能力を開発することだと考えた〔10　〕は、この問題解決に方向性を与えるような知性を〔11　〕あるいは実験的知性と呼び、その育成を重視した。

□ ⑦最澄の開いた比叡山〔12　〕は、天台宗の総本山というだけではなく、平安時代から鎌倉時代にかけての学問・研究の最高学府であり、彼の著作『〔13　〕』には、大乗戒壇設立の嘆願とともに学僧たちの養成方法についても記されている。

□ ⑧〔14　〕の推挙によって江戸幕府に仕えた林羅山は、〔15　〕という説によって幕藩体制の思想的基盤を確立し、その功績によって林家は代々幕府の学問所である聖堂学問所(のち昌平坂学問所)の学頭の地位に就くことになった。

□ ⑨江戸時代には多くの学問の場が設けられた。心学を説いた〔16　〕は自宅に講席を設けて庶民道徳を説き、大坂の商人たちは町人のために〔17　〕を建て、富永仲基や山片蟠桃などを輩出した。

□ ⑩「がくもんをして道をしらむとならば、まず〔18　〕をきよくのぞきさるべし」とは本居宣長の言葉であるが、彼は道は学問によって知るものではなく、生まれながらの〔19　〕によって見出されるのだと考えた。

Attack 7 戦争と平和

□ ①儒家の仁の思想を批判した墨子は、自他の区別を超えた〔1 〕とたがいの利益をはかりあう交利を説くとともに、それらをふみにじる侵略戦争を非難して〔2 〕を説いた。

□ ②「上善は水のごとし」と語った〔3 〕は、水のように柔らかくしなやかに生きる〔4 〕の態度を道にかなった生き方だと考えた。

□ ③「戦いに勝つには2つの方策がある」が、「その1つは人間の法であり、いま1つは獣の力である」と語った〔5 〕は、混乱するイタリア統一のためには権謀術数が必要だとして、『〔6 〕』を著した。

□ ④オランダのグロティウスは、三十年戦争の悲惨さから国家間にも法が必要だと考え、「国際法」の制定を主著『〔7 〕』のなかで訴えた。

□ ⑤人間の自然状態を「〔8 〕」ととらえたホッブズは、強大な国家権力の必要性を感じ取り、「〔9 〕」にたとえられるような強力な専制国家を提唱した。

□ ⑥各人が各人の人格のうちにある人間性を尊重する〔10 〕を理想社会と考えたカントは、この考えを国際社会にまで拡大し、『〔11 〕』のなかで国際平和機関の設立を提案した。

□ ⑦資本主義の最高段階を帝国主義ととらえ、植民地争奪戦争のさなかに革命がおこると考えた〔12 〕は、1917年、第一次世界大戦のさなかに〔13 〕を指導し、成功に導いた。

□ ⑧不殺生・無傷害をインド伝統の〔14 〕という言葉で表明したガンディーは、〔15 〕・不服従を運動の方針に掲げ、民族の独立と戦争の放棄を訴えた。

□ ⑨1955年に発せられた〔16 〕とアインシュタインによる核廃絶の宣言は、その後の世界平和に影響を与えた。また、1985年に西ドイツの大統領〔17 〕がおこなった「荒れ野の40年」の演説は、戦争責任の表明とともに反戦の誓いともなった。

□ ⑩古学を提唱した〔18 〕は、もはや武士は武力によって立つのではなく、人々を導く徳性によって立たねばならないとして〔19 〕を説いた。

□ ⑪〔20 〕によって一高教授を退職させられた〔21 〕は、万朝報に入社し、〔22 〕事件に対しては田中正造を支援して資本家を攻撃し、日露戦争開戦に関しては〔23 〕を展開した。

□ ⑫歌人として名を知られていた与謝野晶子は、日露戦争に関しては従軍した弟を思って「君死にたまふことなかれ」という歌を書いた。また、〔24 〕を中心とする雑誌『青踏』に女性問題に関する原稿を寄せた。

□ ⑬自由民権運動から社会主義に転じた〔25 〕は、『廿世紀之怪物帝国主義』において軍国主義を厳しく非難したが、〔26 〕によって刑死した。

Attack 8 正義と権利・自由と平等

□ ①アリストテレスはポリスの秩序原理として正義を説いたが、そのうち各人が能力や働きに応じて名誉や報酬を与えられる正義を[1]、各人の利害得失が平等になるように調節する正義を[2]と呼んだ。

□ ②イスラーム教では、信者であるすべての[3]は、神の前では平等であり、その権利は聖典『クルアーン』と[4]とよばれるイスラーム法によって規定されている。

□ ③無常・無我の法は、すべてのものに自他の区別はなく平等であるという思想を含んでおり、それゆえ、すべての生きとし生けるものすなわち[5]に対して苦しみを除き、楽しみを与えるという[6]が説かれるのである。

□ ④ルターは、すべての信者は神の前においては平等であり、すべての信者は神に仕えるものであるという[7]を説いた。

□ ⑤社会契約説は、自然法思想を背景に個人の主体的な自由意志にもとづく契約によって国家の成立を説き、絶対王政の理論である[8]に対抗した。

□ ⑥その著作『[9]』のなかで「人間は生まれながらにして自由である、しかしいたるところで鉄鎖につながれている」と語ったルソーは、共同体全体の福祉を願う[10]にもとづいて契約を結び、自然的自由に代えて市民的自由を獲得しなければならないと考えた。

□ ⑦カントによれば、人間は肉体的には自然界の因果律に縛られているが、行為の世界ではみずから立てた[11]にみずから従うという自律のゆえに自由であるという。そして、この自律的な自由の主体を[12]と述べている。

□ ⑧「[13]は本質に先立つ」と語るサルトルは、人間はまず存在し、そのあとに自分を作っていくのであるが、その自由はかならず他者を巻き添えにしていくという。その意味では自由はかならず[14]をともなうものであり、その点を「人間は[15]に処せられている」と表現している。

□ ⑨現代アメリカの思想家[16]は、平等な自由を基本としながら、社会参加の機会均等と社会的に不利な立場の人々に対する格差の是正こそが、これからの社会に必要であると、その著作『[17]』のなかで語っている。

□ ⑩[18]とはひたすらな坐禅を意味し、そのことによって[19]という身体も精神も執着を離れた境地に至るが、それこそ悟りであり自由の境地である、と[20]は語っている。

□ ⑪中江兆民は日本の現状から、権力から与えられた[21]を人民が権力から奪い取った[22]と同等のものに育てていけば、実質的には同じだと考えた。

□ ⑫インターネットが普及した現代では、その[23]を悪用して他人のコンピュータに侵入し、[24]を侵害する新たな権利侵害が生まれている。

Attack 9 信仰と救い

□ ①神話という言葉はギリシア語で〔[1]　〕といわれるが、それは「語られたもの」という意味で、世界の民族はそれぞれの神話を語り継いできた。ギリシアでは〔[2]　〕が『神統記』のなかで世界の始まりを語り、ユダヤ教では『旧約聖書』の第一章「〔[3]　〕」に世界の始めが記されている。

□ ②宗教は超越者に対する信仰を基礎にもつがゆえに、本来は内面的なものであるが、儀式や祈りの形態も不可欠なものである。イスラーム教では〔[4]　〕を五行の1つとして義務づけており、仏教でも浄土系宗派では〔[5]　〕が仏への祈りであり、日蓮宗では〔[6]　〕が久遠実成の仏との一体化を願う祈りとなっている。

□ ③信仰は、基本的には個人の魂の救済を特質としている。それゆえ、イエスはみずからの罪を告白する悔い改めを信仰回復の契機と考え、イスラーム教では「〔[7]　〕のほかに神なし」と告げてみずからの信仰心を確認する〔[8]　〕を五行の1つとして課している。

□ ④宗教は信仰心とともに救済や修行の条件として戒律や義務が課せられていることが多い。たとえば、モーセの〔[9]　〕を基礎とするユダヤ・キリスト教のトーラーと呼ばれる〔[10]　〕、イスラーム教における〔[11]　〕・五行、さらには仏教における出家者の実践徳目である〔[12]　〕や在家信者のための戒律である〔[13]　〕などがある。

□ ⑤宗教には悟り型宗教と救済型宗教とがあり、キリスト教は後者であるが、仏教においては〔[14]　〕が前者で、大乗仏教が後者である。その後の大乗仏教のなかでは〔[15]　〕系宗派が救済型であり、禅宗系宗派が悟り型である。

□ ⑥信仰は超越者に対する帰依と超越者による救済や愛によって成り立っている。パウロの〔[16]　〕思想は十字架上のイエスに神の愛を認める思想であり、親鸞の〔[17]　〕説は阿弥陀仏の誓願に慈悲をみようとする思想である。

□ ⑦宗教における救済は、ある意味では超越者からの一方的な救いであり、アウグスティヌスはそれを〔[18]　〕と呼び、法然や親鸞は〔[19]　〕と呼んだ。

□ ⑧神の愛や仏の慈悲に支えられて、人間どうしにも他者への思いやりや愛が生まれる。イエスの説く〔[20]　〕がそれであり、大乗仏教が理想とする〔[21]　〕はみずからの悟りをおいてでも慈悲の実践をおこなおうとする人である。

□ ⑨宗教は時として現実生活を超越する。イエスは〔[22]　〕は地上にではなく心の中にあるといい、イスラーム教はこの世のほかに〔[23]　〕のあることを信じるよう命じ、〔[24]　〕は「世間虚仮、唯仏是真」と語るのである。

□ ⑩人が信仰を求めるのは、何らかの苦悩や悲哀に出会うからである。ウパニシャッド哲学では〔[25]　〕を悟るとき苦しみから脱却できるといい、カルカッタ(コルカタ)のスラムで奉仕活動をおこなった〔[26]　〕は貧者や病者のなかにイエスをみたという。

Attack 10 生命と死

- ①魂を生命と認識の源ととらえたのは、「肉体は魂の牢獄」と考えた[1]学派の人々である。その影響を受けたプラトンは、哲学とは魂がみずからの故郷である[2]界をめざす活動であり、「哲学は死の練習」であると語っている。
- ②[3]は『ローマ人への手紙』のなかで、「ひとりの人によって罪がこの世に入り、罪によって死が入ってきた」ように、「ひとりの人によって……神との和解」が得られたのだという。前段で語られている人は[4]であり、後段で語られている人は[5]である。
- ③バラモン教では、現世の自分の姿は前世の[6]によって定まっており、現世の死も来世の生に結びついていると考えていた。こうした考えを[7]という。
- ④「吾いまだ生を知らず、いずくんぞ死を知らんや」と語る[8]にとっては、「朝に[9]を聞かば、夕に死すとも可なり」というように、死は生の探究の果てにあるものでしかなかったのである。
- ⑤ニーチェの「[10]」という言葉は、天地の始まりも終末もなく、世界は[11]のうちにあり、人間存在を支えるものは何もなくただ「無」のみがあるだけだという、[12]の到来を告げる宣言にほかならなかった。
- ⑥ヤスパースは死を罪や苦しみや争いとともに[13]の1つと考え、それを生き抜くことで実存的な交わりが可能になると考えた。一方、[14]はみずからの生存の限界を「[15]」という言葉で指し示し、そのことを自覚することによって、日常性に埋没して生きる「ひと」としてのあり方から脱却し、真の自分を取り戻せると説いた。
- ⑦古代日本では、死は病気や災害と同じように罪あるいは[16]とされ、祓いや[17]によって浄められるものと考えられ、さらには死者のおもむく世界である[18]は、人々の住む葦原中国とつながっていると考えられていた。
- ⑧日本社会ではいつのころからか、本来は仏になるという[19]という言葉が「死ぬ」ことを意味し、阿弥陀仏の住む浄土に生まれ変わる[20]という言葉さえも「死ぬ」ことを意味するようになった。
- ⑨[21]とは、人間はどこまで生命の操作に介入できるのかを倫理的観点に立って問いかける学問である。
- ⑩現代社会では、治療や投薬の目的や方法あるいは副作用などについて十分な説明を受けたあとに、治療を受けるかどうかを決める[22]や、延命措置や死後のあつかいを事前に意思表明しておく[23]などの考えが浸透しつつある。
- ⑪現代医学で不治とされた場合、いたずらな延命をはかるのではなく、残された生活の質すなわち[24]を大切にしようとする[25]という医療施設も登場している。

Attack 11 親・子・家族

☐ ①孔子は、人間の歩むべき道の根底に肉親の情愛を据え、親に対する親愛の情を〔1 〕、兄や年長者に対する敬愛の情を〔2 〕と呼んで仁の本質と考えた。

☐ ②死刑が確定した法廷のなかでソクラテスが自分の子どもを気遣っている様子が、『〔3 〕』のなかに描かれている。彼は徳の教師を自任する〔4 〕の代表者プロタゴラスとの対話で、立派な人物の子どもがすべて立派ではないのだから、徳は教えられないのではないかと語り、子どもへの配慮をのぞかせている。

☐ ③〔5 〕によってメシアとしての自覚をもたされたイエスは、神の愛を説くために父母の元を去ったが、処刑後のイエスを胸に抱く〔6 〕の姿は母親そのものであり、のちにパウロはイエスを神の子と呼んで、人類の罪を背負って死んだのだと考えた。

☐ ④ガウタマ＝シッダールタは、29歳のとき出家し、6年間の〔7 〕を捨ててこの世界が〔8 〕の法によって成り立っているという真理を悟ったが、その後さらに6年間、父にも息子にも会うことはなかった。

☐ ⑤『〔9 〕』のなかで、できるだけ自然に子どもを育てることを提唱したルソーは、自己愛とあわれみに満ちた自然状態に帰ることを願って、「〔10 〕」とさけんだ。

☐ ⑥〔11 〕を「愛の充足態」と考え、自然で全人的な人間関係からなる集団ととらえたヘーゲルは、市民社会を「〔12 〕」と考え、人為的な契約と部分的な人間関係からなる集団ととらえ、この両者を統合したものが国家だという。

☐ ⑦女性や子どもが劣悪な労働状況におかれている現状に心を痛めた〔13 〕は、経営を任されていたニューラナーク紡績工場の労働条件の改善に努めた。また、フランスの〔14 〕は農村的共同社会ファランジュによって、商業資本の無政府性を回復する手立てを訴えた。

☐ ⑧現代の家族には、未婚の子どもと親が同居する〔15 〕が多いが、その影響として生活の知恵が伝わりにくいために、若い親による幼児虐待や育児ノイローゼの問題、あるいは〔16 〕と相まって家族関係を濃密化させ過保護・過干渉を引きおこしていると指摘されている。

☐ ⑨女性の高学歴化や家計維持のために女性の社会進出が盛んになっているが、それでも歴史的・社会的性である〔17 〕の差別はなくならず、1979年には国連で女子(女性)差別撤廃条約が採択され、日本では1985年に〔18 〕が成立した。

☐ ⑩65歳以上人口が総人口の14%を超えて〔19 〕となり、2007年には21%を超えて超高齢社会となった日本は、高齢者対策として2000年に〔20 〕制度を発足させたが、こうした制度上の対策だけではなく、高齢者や障がい者とともに生きる社会が普通の社会だと考える〔21 〕の思想の普及や生活上の障害を取り除く〔22 〕も重要な課題である。

20日完成
スピードマスター倫理問題集

2024年2月　初版発行

編　者　矢野　優
発行者　野澤　武史
印刷所　株式会社　明祥
製本所　有限会社　穴口製本所
発行所　株式会社　山川出版社
〒101-0047　東京都千代田区内神田1-13-13
電話　03-3293-8131(営業)　03-3293-8135(編集)
https://www.yamakawa.co.jp/
装　幀　水戸部功
本文デザイン　バナナグローブスタジオ

ISBN978-4-634-05229-1　NYZN0101

●造本には十分注意しておりますが、万一、落丁・乱丁などがございましたら、営業部宛にお送りください。送料小社負担にてお取り替えいたします。
●定価はカバーに表示してあります。

倫理用語集

濱井修 監修／小寺聡 編

四六判　368頁　定価946円(税込)

❶5点の新課程「倫理」教科書を網羅した約3,500語を収録。
——どの教科書にも対応！

❷教科書の掲載数に応じた①～⑤の頻度数を掲載。
——重要用語が一目でわかる！

❸シリーズ累計1500万部*のロングセラー。
——授業の予習・復習から、大学受験まで、受験生必携！

＊日本史、世界史、地理、現代社会、倫理、政治・経済の各用語集発行部数を合計した部数です。

第1章 哲学と宗教

1 哲学と思索

哲学 philosophy ⑤ 世界や人生が全体として何であるか、どのような意味や目的をもつものかという根本的な問題を考える学問。哲学は、日常生活で自明の前提とされている一定の世界秩序や価値体系を主題とし、それらを自覚的・批判的に考察する。科学が様々な領域の対象を実証的に研究する専門的・部分的な知であるのに対して、哲学はそのような対象をつつみ込み、我々がそのなかに生きている世界や人生についての全体的・包括的な知を求める。哲学は、概念的に固定できる対象の真理をこえ、各自がそのつど哲学する主体的な働きのなかで、世界や人生の全体的・包括的な真理を探究するものである。哲学は古代ギリシアで誕生し、知恵(ソフィア、sophia)を愛すること(フィロス、philos)という意味でフィロソフィアと呼ばれ、日本では明治時代に啓蒙思想家の西周によって哲学と訳された。
→ p.267 **西周**

哲学とは何か
現実は我々に対してあるというよりも、その中に我々があるのである。我々はそこに生まれ、そこで働き、そこで考え、そこに死ぬる、そこが現実である。我々に対してあるものは哲学の言葉で対象と呼ばれている。現実は対象であるよりもむしろ我々がそこに立っている足場であり、基底である……科学は現実を対象的に考察する。しかるに現実が足下から揺ぎ出すのを覚えるとき、基底の危機というものから哲学は生まれてくる。
(三木清『哲学入門』岩波書店)

哲学すること ③ カントは『純粋理性批判』の「純粋理性の建築術」の章で、「人は哲学を学ぶのではなく、哲学することを学べるだけである」と述べている。哲学は過去の哲学の知識のたんなる集積ではなく、一人ひとりがみずから理性によって哲学する行為そのものである。過去に形成された哲学は、哲学することがあらわれた一定の歴史的形態であり、哲学することは過去の哲学を手引きにしつつ、各自が真理を主体的に思索する行為のなかにある。
→ p.147 **『純粋理性批判』**

形而上学 metaphysics ③ 形のあるものをこえたものについて思索する学問で、しばしば哲学と同じ意味で使われる。形あるものについて考察する形而下の学問に対して、形而上学は感覚にあらわれる対象をこえて、その根源となる実在・実体について思索する。アリストテレスの哲学的著作が、編集の際に『自然学』(フィジカ)のあと(メタ)に配列されたことから、メタフィジカ(自然学のあとにくるもの)と呼ばれたことに由来する。

存在論 ontology ③ なぜ無ではなく世界が存在するのか、なぜ何もないものではなくすべてのものが存在するのかについて問う哲学の一分野。科学などの実証的な学問が、様々な領域の物事が何であるかという本質を問うのに対して、存在論はすべてのものが存在⑤するという事実について問いかけ、なぜ一般にものが存在するのかという、存在すること自体の意味を探究する。アリストテレスは、生物や政治など特殊な領域についてではなく、万物を一般に存在するものとして探究する学問を第一哲学・形而上学と呼んだ。ハイデッガーは、存在するもの(存在者)とそれが存在することの区[illegible]を存在論的差異と呼び、存在することの[illegible]味や根拠を探究することが、哲学の[illegible]使命であると説いた。
→ p.181 **存在**[ハイ[illegible]

認識論 ② 人間はどのようにして[illegible]しているか、人間がいかに物[illegible]ることができるかについて[illegible]一分野。認識⑤とは主体[illegible]理解し、知る作用であ[illegible]て物事についての知[illegible]いかにしてわかるの[illegible]かという認識と知[illegible]のおよぶ範囲や[illegible]のが認識論で[illegible]化する現実[illegible]の実体で[illegible]

て知識が成り立つと説いた。近代哲学では、デカルトは理性による推理によって確実な知識に到達できると説き、ベーコンは経験に共通する法則を見出すことによって知識が得られると説いた。両者の立場を総合したカントは、形・色・香りなどの感覚的な印象に、理性(悟性)が認識の枠組み(カテゴリー)を当てはめることによって一定の対象が構成され、対象についての知識が成立すると説いた。
→ p.44 **イデア**、p.[illegible] **経験論**、p.130 **合理論**、p.143 [illegible](**批判主義**)

批判 ⑤ 主観の思い[illegible]客観的に正しく判[illegible]われるような[illegible]ない。哲学に[illegible]ーク(Kriti[illegible]を吟味し[illegible]理性批[illegible]の可[illegible]

基体となるものを実体と考えた。西洋の近代哲学においては、実体は客体的なものから主体的なものとしてとらえられるようになり、ヘーゲルは実体とは主体であると説き、あらゆる現象の根底には実体として精神があり、万物のあらわれを精神の自己展開の運動としてとらえた。また、ブッダは身体が滅びても霊魂は永遠に残る実体であるとする霊魂不滅説を否定し、すべての物事は生成消滅する無常なものであると説いた。
→ p.77 **実体**[仏教]、p.150 **精神**[ヘーゲル]

本質 ⑤ 物事が何であるかを決める本性、偶然に備わり変化するもの(偶有性)に対して、その物事に本来備わる、かわること[illegible]性質を指す。そのような物事の本質[illegible]のなかでとらえたものが概念④で[illegible]は個々の物事に共通な性質を抽[illegible]ものを捨てて構成された、[illegible]的な本質である。概念[illegible]言葉の意味内容にな[illegible]

デカルトの生涯と思想 1596～1650

フランスの哲学者で、合理論の創始者、近代哲学の父とされる。法官貴族の家に生まれ、名門ラ・フレーシュ学院で学んだが、スコラ的な学問に満足できず、「世間という大きな本」から学ぶ決意をして[illegible]オランダで軍隊に志願し、[illegible]学を研究した。ドイツの[illegible]あった11月のある日、[illegible]いた時に夢をみて[illegible]なうという[illegible]1629年に[illegible]住み[illegible]

デカルトの言葉

実体 [デカルト] ③

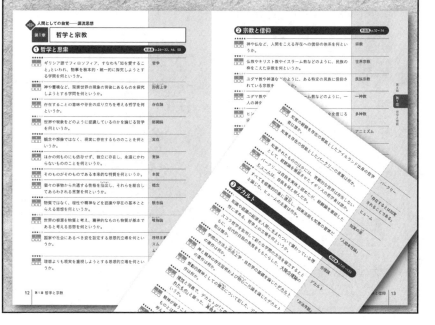

20日完成

スピードマスター倫理問題集

解　答

山　川　出　版　社

1 Speed Check!
さまざまな人間像と青年期の特徴

1 さまざまな人間像
□ 1. リンネ
□ 2. ホモ・ルーデンス(遊戯人)
□ 3. カッシーラー
□ 4. ホモ・ファーベル(工作人)

2 青年期の特徴
□ 5. 第二次性徴
□ 6. マージナル・マン
□ 7. 境界人
□ 8. 通過儀礼(イニシエーション)

3 自己意識と第二の誕生
□ 9. 自己意識
□10. 自我のめざめ
□11. 心理的離乳
□12. ルソー
□13. エミール
□14. 第二の誕生
□15. 反抗
□16. 第二反抗期

4 発達
□17. アタッチメント
□18. エリクソン
□19. 基本的信頼
□20. 自己中心性
□21. ピアジェ
□22. 脱中心化
□23. 社会性
□24. コールバーグ
□25. 認知
□26. 道徳性

5 欲求と適応行動
□27. 欲求
□28. 生理的欲求
□29. 社会的欲求
□30. 適応
□31. コンフリクト
□32. 葛藤

6 フロイトと精神分析
□33. フラストレーション
□34. 無意識
□35. フロイト
□36. 防衛機制
□37. 抑圧
□38. 合理的解決
□39. 近道反応
□40. ユング
□41. 集合(普遍)的無意識
□42. 元型(アーキタイプス)

2 Speed Check!
青年期の自己形成と課題

1 青年期の自己形成
□ 1. パーソナリティ
□ 2. 人格
□ 3. 知能
□ 4. 性格
□ 5. 気質
□ 6. 類型論
□ 7. 特性論
□ 8. クレッチマー
□ 9. シュプランガー
□10. 他人指向型
□11. 内向型
□12. 個性化
□13. 社会化

2 人間の心の働き
□14. 知覚
□15. 認知
□16. 錯覚
□17. 錯視
□18. ルビンの壺
□19. 推論
□20. バイアス
□21. エクマン
□22. 基本感情
□23. 中枢起源説
□24. 末梢起源説

3 アイデンティティとモラトリアム
□25. エリクソン
□26. アイデンティティ
□27. 自我同一性
□28. アイデンティティの危機(拡散)
□29. アイデンティティの確立
□30. 義務
□31. モラトリアム
□32. ライフサイクル
□33. 発達課題
□34. 小此木啓吾
□35. モラトリアム人間

4 自己実現と社会参加
□36. マズロー
□37. 成長欲求
□38. 自己実現
□39. 生きがい
□40. 神谷美恵子
□41. フランクル
□42. 生きる意味

3 Speed Check!
ギリシアの思想

1 神話から哲学へ
□ 1. ミュトス
□ 2. ホメロス
□ 3. ヘシオドス
□ 4. 自然哲学
□ 5. ロゴス
□ 6. アルケー
□ 7. テオーリア
□ 8. タレス
□ 9. 水
□10. イオニア
□11. ピタゴラス
□12. 数
□13. パルメニデス
□14. エンペドクレス
□15. デモクリトス
□16. アトム(原子)

2 ソフィストとソクラテス
□17. ソフィスト
□18. 相対主義
□19. 弁論術
□20. 万物の尺度
□21. プロタゴラス
□22. アレテー
□23. ソクラテス
□24. 問答法
□25. デルフォイ
□26. 汝自身を知れ
□27. 無知の知
□28. 愛知(フィロソフィア)
□29. 善く生きる
□30. プシュケー
□31. 魂への配慮
□32. 知徳合一
□33. 知行合一

③プラトン

- □34. プラトン
- □35. イデア
- □36. 善のイデア
- □37. 洞窟の比喩
- □38. エロース
- □39. 想起
- □40. 気概
- □41. 知恵
- □42. 節制
- □43. 正義
- □44. 防衛者
- □45. 生産者
- □46. 哲人政治

④アリストテレス

- □47. アカデメイア
- □48. アリストテレス
- □49. 形相(エイドス)
- □50. 質料(ヒュレー)
- □51. 知性的徳
- □52. 習性的徳
- □53. 思慮(フロネーシス)
- □54. 中庸(メソテース)
- □55. ポリス的(社会的)動物
- □56. 友愛(フィリア)
- □57. 正義
- □58. 配分的正義
- □59. 調整的正義
- □60. 観想(テオーリア)

⑤ヘレニズムの思想

- □61. エピクロス
- □62. アタラクシア
- □63. 隠れて生きよ
- □64. ストア
- □65. ゼノン
- □66. 自然に従って
- □67. アパテイア
- □68. 新プラトン主義
- □69. プロティノス

4 Speed Check! ✓ キリスト教・イスラーム教の思想

①古代ユダヤ教

- □ 1. モーセ
- □ 2. カナン
- □ 3. ヤハウェ(ヤーウェ)
- □ 4. 十戒
- □ 5. 預言者
- □ 6. バビロン捕囚
- □ 7. 創世記
- □ 8. 旧約聖書
- □ 9. 選民
- □10. 終末

②イエスの教え

- □11. マリア
- □12. イエス
- □13. ヨハネ
- □14. メシア(キリスト)
- □15. パリサイ派
- □16. アガペー
- □17. 隣人
- □18. 福音
- □19. 山上の垂訓

③キリスト教の成立と発展

- □20. 復活
- □21. 使徒
- □22. ペテロ
- □23. 新約聖書
- □24. マタイ
- □25. マルコ
  ＊24・25順不同
- □26. パウロ
- □27. 回心
- □28. 原罪
- □29. 贖罪
- □30. 教父哲学
- □31. アウグスティヌス
- □32. 恩寵
- □33. 神の国
- □34. 希望
- □35. スコラ哲学
- □36. トマス＝アクィナス
- □37. 神学大全

④イスラーム教

- □38. ムハンマド(マホメット)
- □39. アッラー
- □40. ムスリム
- □41. クルアーン
- □42. シャリーア
- □43. 偶像崇拝
- □44. メディナ
- □45. ヒジュラ
- □46. 六信
- □47. 五行
- □48. 天命
- □49. 信仰告白
- □50. 礼拝
- □51. 断食
- □52. 喜捨
- □53. カーバ
- □54. 巡礼
- □55. ウンマ
- □56. カリフ

5 Speed Check! ✓ インドの思想

①仏教以前の思想

- □ 1. アーリヤ(アーリア)人
- □ 2. カースト
- □ 3. バラモン教
- □ 4. ヴェーダ
- □ 5. バラモン
- □ 6. ウパニシャッド
- □ 7. 業(カルマ)
- □ 8. 輪廻転生
- □ 9. 解脱
- □10. ブラフマン(梵)
- □11. アートマン(我)
- □12. ジャイナ教
- □13. ガウタマ＝シッダールタ

②仏教

- □14. 四門出遊
- □15. ヨーガ
- □16. 仏陀
- □17. 四法印
- □18. 一切皆苦
- □19. 諸行無常
- □20. 諸法無我
- □21. 涅槃寂静
- □22. 四諦
- □23. 初転法輪
- □24. 苦諦
- □25. 煩悩
- □26. 集諦
- □27. 滅諦
- □28. 道諦
- □29. 生・老・病・死
- □30. 愛別離苦
- □31. 怨憎会苦
- □32. 求不得苦

□33. 三毒
□34. ダルマ
□35. 縁起
□36. 無明
□37. 中道
□38. 八正道
□39. 正見
□40. 一切衆生
□41. 慈
□42. 悲

3 仏教の発展

□43. 上座部
□44. 大衆部
□45. 上座部(小乗)仏教
□46. 阿羅漢
□47. 大乗仏教
□48. 利他
□49. 菩薩
□50. 五戒
□51. 不殺生
□52. 不飲酒
□53. 六波羅蜜
□54. 竜樹(ナーガールジュナ)
□55. 無自性
□56. 空
□57. 唯識
□58. 無著(アサンガ)

6 Speed Check! ✓
中国の思想

1 古代中国の思想と諸子百家

□ 1. 天
□ 2. 天命
□ 3. 諸子百家
□ 4. 韓非子
□ 5. 陰陽家
□ 6. 公孫竜
□ 7. 縦横家

2 儒家の思想

□ 8. 孔子
□ 9. 論語
□10. 徳治主義
□11. 道
□12. 君子
□13. 仁
□14. 孝
□15. 悌
□16. 忠
□17. 恕
□18. 信
□19. 礼
□20. 孟子
□21. 良知
□22. 性善説
□23. 四端
□24. 惻隠
□25. 義
□26. 辞譲
□27. 智
□28. 仁義
□29. 王道
□30. 覇道
□31. 易姓革命
□32. 五倫
□33. 五常
□34. 荀子
□35. 性悪説
□36. 朱子(朱熹)
□37. 理
□38. 気
□39. 性即理
□40. 格物致知
□41. 居敬・窮理
□42. 王陽明(王守仁)
□43. 心即理
□44. 致良知

3 墨家の思想

□45. 墨子
□46. 兼愛
□47. 交利
□48. 非攻

4 老荘の思想

□49. 老子
□50. 道(タオ)
□51. 無為自然
□52. 水
□53. 柔弱謙下
□54. 小国寡民
□55. 荘子
□56. 万物斉同
□57. 逍遙遊
□58. 真人
□59. 心斎坐忘
□60. 道教

7 Speed Check! ✓
人間の尊厳と科学的精神のめばえ

1 人間解放の思想

□ 1. ダンテ
□ 2. ボッカチオ
□ 3. 万能人(普遍人)
□ 4. レオナルド = ダ = ヴィンチ
□ 5. ミケランジェロ
□ 6. 人文主義(ヒューマニズム)
□ 7. ピコ = デラ = ミランドラ
□ 8. 人間の尊厳について
□ 9. エラスムス
□10. 愚神礼讃(痴愚神礼讃)
□11. トマス = モア
□12. ユートピア
□13. マキャヴェリ
□14. 君主論

2 宗教的権威からの自由

□15. 贖宥状(免罪符)
□16. ルター
□17. 95カ条の論題(意見書)
□18. キリスト者の自由
□19. 信仰義認
□20. 聖書中心主義
□21. 万人司祭説
□22. カルヴァン
□23. キリスト教綱要
□24. 予定説
□25. 職業召命観
□26. 勤勉
□27. マックス = ウェーバー

3 人間の観察

□28. モラリスト
□29. モンテーニュ
□30. 寛容
□31. エセー(随想録)
□32. ク・セ・ジュ
□33. パスカル
□34. パンセ
□35. 中間者
□36. 気晴らし
□37. 考える葦
□38. 幾何学的精神
□39. 繊細の精神

④科学的精神のめばえ

- □40. 仮説
- □41. 実験
- □42. 科学革命
- □43. コペルニクス
- □44. 天体の回転について
- □45. 天動説
- □46. 地動説
- □47. ケプラー
- □48. ガリレイ
- □49. 天文対話
- □50. 万有引力
- □51. ニュートン
- □52. プリンキピア

8 Speed Check! ✓
近代の合理的精神

①経験論

- □ 1. ベーコン
- □ 2. ノヴム・オルガヌム(新機関)
- □ 3. 経験論
- □ 4. イドラ
- □ 5. 種族のイドラ
- □ 6. 市場のイドラ
- □ 7. 洞窟のイドラ
- □ 8. 劇場のイドラ
- □ 9. 帰納法
- □10. 服従
- □11. 知は力なり
- □12. ロック
- □13. 白紙(タブラ・ラサ)
- □14. バークリー
- □15. ヒューム

②合理論

- □16. 合理論
- □17. デカルト
- □18. 良識(ボン・サンス)
- □19. 方法序説
- □20. 明証
- □21. 総合
- □22. 方法的懐疑
- □23. われ思う、ゆえにわれあり(コギト・エルゴ・スム)
- □24. 演繹法
- □25. 実体
- □26. 延長
- □27. 思惟
- □28. 物心(心身)二元論
- □29. 機械論
- □30. 目的論
- □31. 近代的自我
- □32. 情念
- □33. 高邁の精神
- □34. スピノザ
- □35. 自然
- □36. 汎神論
- □37. ライプニッツ
- □38. モナド

③実証主義と進化論

- □39. 実証主義
- □40. コント
- □41. 実証的段階
- □42. 社会有機体説
- □43. 自然選択
- □44. 進化論
- □45. ダーウィン
- □46. スペンサー

9 Speed Check! ✓
近代民主主義思想と人権

①自然法思想と社会契約説

- □ 1. 実定法
- □ 2. 自然法
- □ 3. 戦争と平和の法
- □ 4. グロティウス
- □ 5. 社会契約説
- □ 6. 王権神授説
- □ 7. 自然状態
- □ 8. 自然権

②ホッブズの思想

- □ 9. ホッブズ
- □10. リヴァイアサン
- □11. 自己保存
- □12. 万人の万人に対する闘争
- □13. 譲渡
- □14. リヴァイアサン

③ロックの思想

- □15. ロック
- □16. 統治二論(市民政府二論)
- □17. 所有(財産)
- □18. 信託(委託)
- □19. 抵抗権
- □20. 立法権

④フランス啓蒙思想とルソー

- □21. 啓蒙思想
- □22. モンテスキュー
- □23. 法の精神
- □24. 三権分立
- □25. ヴォルテール
- □26. 哲学書簡
- □27. ディドロ
- □28. 百科全書
- □29. ルソー
- □30. 人間不平等起源論
- □31. あわれみ(思いやり)
- □32. エミール
- □33. 自然に帰れ
- □34. 自然的自由
- □35. 市民的自由
- □36. 一般意志
- □37. 特殊意志
- □38. 全体意志
- □39. 社会契約論
- □40. 直接民主制

⑤現代の社会契約説

- □41. ロールズ
- □42. 正義論
- □43. 無知のヴェール
- □44. 公正
- □45. 公正な機会均等
- □46. 格差

10 Speed Check! ✓
近代市民社会の倫理

①ドイツ観念論

- □ 1. 純粋理性批判
- □ 2. カント
- □ 3. 批判哲学
- □ 4. コペルニクス的転回
- □ 5. 実践理性批判
- □ 6. 道徳法則
- □ 7. 定言命法
- □ 8. 格率
- □ 9. 仮言命法
- □10. 自律
- □11. 人格
- □12. 目的
- □13. 手段
- □14. 義務
- □15. 善意志

□16. 動機
□17. 目的の王国
□18. 永遠平和のために
□19. ヘーゲル
□20. 精神現象学
□21. 自由
□22. 絶対精神
□23. 道徳
□24. 人倫
□25. 家族
□26. 市民社会
□27. 国家
□28. 止揚(アウフヘーベン)
□29. 弁証法

2 功利主義の思想

□30. アダム＝スミス
□31. 諸国民の富(国富論)
□32. 見えざる手
□33. 共感
□34. ベンサム
□35. 快楽
□36. 功利
□37. 道徳および立法の諸原理序説
□38. 量的功利主義
□39. 最大多数の最大幸福
□40. 制裁(サンクション)
□41. 物理(自然)的
□42. 宗教的
＊41・42順不同
□43. J. S. ミル
□44. 功利主義
□45. 人間
□46. ソクラテス
□47. 隣人
□48. 黄金律
□49. 良心
□50. 自由論
□51. 他者危害の原則

3 プラグマティズムの思想

□52. フロンティア
□53. ピューリタン
□54. プラグマ
□55. パース
□56. 形而上学クラブ
□57. 真理の有用性
□58. プラグマティズム
□59. ジェームズ
□60. 民主主義と教育
□61. デューイ
□62. 道具
□63. 道具主義
□64. 創造的知性
□65. 問題解決学習

11 Speed Check! ✓
人間性の回復を求めて

1 社会主義の思想

□ 1. 空想的社会主義
□ 2. オーウェン
□ 3. サン＝シモン
□ 4. フーリエ
□ 5. ファランジュ
□ 6. 資本論
□ 7. マルクス
□ 8. エンゲルス
□ 9. 共産党宣言
□10. 労働の疎外
□11. 唯物史観(史的唯物論)
□12. 生産関係
□13. 下部構造
□14. 上部構造
□15. 生産手段
□16. 階級
□17. ベルンシュタイン
□18. 社会民主主義
□19. ウェッブ
□20. バーナード＝ショウ
□21. フェビアン協会
□22. フェビアン社会主義
□23. レーニン
□24. 毛沢東

2 実存主義の思想

□25. 実存
□26. 主体性
□27. あれか、これか
□28. キルケゴール
□29. 主体的真理
□30. 死にいたる病
□31. 絶望
□32. 美的実存
□33. 倫理的実存
□34. 単独者
□35. 宗教的実存
□36. ニヒリズム
□37. ニーチェ
□38. ルサンチマン
□39. 奴隷道徳
□40. 神は死んだ
□41. 永劫回帰
□42. 運命愛
□43. 力への意志
□44. 超人
□45. ヤスパース
□46. 苦しみ
□47. 限界状況
□48. 実存的交わり
□49. 現象学
□50. フッサール
□51. 存在と時間
□52. ハイデッガー
□53. 現存在(ダーザイン)
□54. 世界－内－存在
□55. 存在忘却
□56. ひと(ダス・マン)
□57. 死への存在
□58. サルトル
□59. 実存は本質に先立つ
□60. 自由の刑
□61. アンガージュマン
□62. ボーヴォワール
□63. カミュ
□64. メルロ＝ポンティ

12 Speed Check! ✓
ヒューマニズムと現代への批判

1 現代のヒューマニズム

□ 1. シュヴァイツァー
□ 2. 生命への畏敬
□ 3. マザー＝テレサ
□ 4. 無関心
□ 5. ガンディー
□ 6. サティヤーグラハ
□ 7. アヒンサー(不殺生)
□ 8. 非暴力
□ 9. キング牧師
□10. 公民権

2 現代文明への批判と新しい知性

□11. ホルクハイマー

- □12. 道具的理性
- □13. アドルノ
- □14. 権威主義的パーソナリティ
- □15. フロム
- □16. 自由からの逃走
- □17. ハーバーマス
- □18. 合意
- □19. コミュニケーション的合理性
- □20. 対話的理性
- □21. ソシュール
- □22. ラング
- □23. レヴィ＝ストロース
- □24. 野生の思考
- □25. フーコー
- □26. 狂気の歴史
- □27. 狂気
- □28. 監獄の誕生
- □29. ベルクソン
- □30. 創造的進化
- □31. エラン・ヴィタール
- □32. マックス＝ウェーバー
- □33. 官僚制（ビューロクラシー）
- □34. ウィトゲンシュタイン
- □35. 沈黙
- □36. 言語ゲーム
- □37. 分析哲学
- □38. ポパー
- □39. 反証可能性
- □40. クーン
- □41. パラダイム
- □42. レヴィナス
- □43. 全体性と無限
- □44. 顔
- □45. ハンナ＝アーレント
- □46. 人間の条件
- □47. 活動
- □48. 全体主義
- □49. デリダ
- □50. 脱構築

3 新しい社会像

- □51. リバタリアニズム（自由至上主義）
- □52. コミュニタリアニズム（共同体主義）

13 Speed Check! ✓
日本の文化と仏教の伝来

1 日本の風土と社会

- □1. 和辻哲郎
- □2. 風土
- □3. 砂漠型
- □4. 牧場型
- □5. モンスーン型
- □6. 花鳥風月
- □7. 和
- □8. 清き明き心（清明心）
- □9. 穢れ
- □10. 祓い

2 古代日本の思想

- □11. アニミズム
- □12. 八百万神
- □13. 祖霊
- □14. 祖先崇拝
- □15. 祟り神
- □16. 折口信夫
- □17. まれびと
- □18. 古事記
- □19. 高天原
- □20. アマテラス大神
- □21. 葦原中国
- □22. イザナギの命
- □23. 黄泉国

3 日本の伝統文化

- □24. 照葉樹林
- □25. 重層性
- □26. 雑種文化
- □27. 西行
- □28. 鴨長明
- □29. 無常
- □30. 兼好法師
- □31. 能
- □32. 世阿弥
- □33. 幽玄
- □34. わび
- □35. 千利休
- □36. 松尾芭蕉
- □37. さび
- □38. 雪舟
- □39. 枯山水

4 仏教の伝来

- □40. 聖徳太子（厩戸王）
- □41. 憲法十七条
- □42. 和
- □43. 凡夫
- □44. 三宝
- □45. 法華経
- □46. 三経義疏
- □47. 世間虚仮、唯仏是真

14 Speed Check! ✓
日本仏教の発展

1 奈良・平安仏教

- □1. 鎮護国家
- □2. 聖武天皇
- □3. 行基
- □4. 鑑真
- □5. 南都六宗
- □6. 現世利益
- □7. 神仏習合
- □8. 本地垂迹説
- □9. 最澄
- □10. 天台宗
- □11. 山家学生式
- □12. 顕戒論
- □13. 一切衆生悉有仏性
- □14. 一乗（法華一乗）
- □15. 空海
- □16. 密教
- □17. 真言宗
- □18. 十住心論
- □19. 大日如来
- □20. 三密
- □21. 即身成仏
- □22. 三教指帰
- □23. 末法思想
- □24. 正法
- □25. 像法
- □26. 浄土信仰
- □27. 阿弥陀仏
- □28. 念仏
- □29. 空也
- □30. 往生要集
- □31. 厭離穢土、欣求浄土
- □32. 源信

2 鎌倉仏教

- □33. 法然
- □34. 浄土宗
- □35. 本願
- □36. 他力

□37. 選択本願念仏集
□38. 南無阿弥陀仏
□39. 専修念仏
□40. 絶対他力
□41. 浄土真宗
□42. 親鸞
□43. 悪人正機
□44. 自然法爾
□45. 教行信証
□46. 歎異抄
□47. 一遍
□48. 時宗
□49. 踊念仏
□50. 臨済宗
□51. 栄西
□52. 興禅護国論
□53. 道元
□54. 曹洞宗
□55. 正法眼蔵
□56. 只管打坐
□57. 身心脱落
□58. 修証一等
□59. 日蓮
□60. 日蓮宗(法華宗)
□61. 法華経
□62. 久遠実成の仏
□63. 題目
□64. 法華経の行者
□65. 立正安国論
□66. 念仏無間
□67. 真言亡国
□68. 四箇格言

15 Speed Check! ✓
日本儒学と民衆の思想

1 江戸儒学

□ 1. 藤原惺窩
□ 2. 林羅山
□ 3. 春鑑抄
□ 4. 上下定分の理
□ 5. 敬
□ 6. 存心持敬
□ 7. 垂加神道
□ 8. 山崎闇斎
□ 9. 木下順庵
□10. 新井白石
□11. 雨森芳洲
□12. 中江藤樹
□13. 翁問答
□14. 陽明学
□15. 孝
□16. 愛敬
□17. 時・処・位
□18. 熊沢蕃山
□19. 山鹿素行
□20. 聖教要録
□21. 古学
□22. 士道
□23. 武士道
□24. 葉隠
□25. 伊藤仁斎
□26. 古義学
□27. 童子問
□28. 仁
□29. 愛
□30. 誠
□31. 忠信
□32. 荻生徂徠
□33. 古文辞学
□34. 先王の道
□35. 安天下の道
□36. 経世済民
□37. 礼楽刑政

2 江戸庶民の思想

□38. 石田梅岩
□39. 心学
□40. 都鄙問答
□41. 知足安分
□42. 倹約
□43. 正直
□44. 井原西鶴
□45. 近松門左衛門
□46. 人情
□47. 懐徳堂
□48. 富永仲基
□49. 加上
□50. 山片蟠桃
□51. 無鬼論
□52. 安藤昌益
□53. 自然真営道
□54. 万人直耕
□55. 不耕貪食
□56. 法世
□57. 自然世
□58. 二宮尊徳
□59. 天道
□60. 人道
□61. 報徳思想
□62. 分度
□63. 推譲

16 Speed Check! ✓
国学と洋学・幕末の思想

1 国学の思想と神道

□ 1. 万葉集
□ 2. 国学
□ 3. 契沖
□ 4. 万葉代匠記
□ 5. 荷田春満
□ 6. 古道
□ 7. 賀茂真淵
□ 8. 高く直き心
□ 9. ますらをぶり
□10. 本居宣長
□11. 古事記伝
□12. 玉勝間
□13. 漢意
□14. 真心
□15. 惟神の道
□16. もののあはれ
□17. たをやめぶり
□18. 源氏物語玉の小櫛
□19. 平田篤胤
□20. 復古神道
□21. 神道
□22. 伊勢神道
□23. 吉田神道
□24. 国家神道
□25. 教派神道

2 蘭学・洋学の思想

□26. 蘭学
□27. 青木昆陽
□28. 貝原益軒
□29. 前野良沢
□30. 解体新書
□31. 緒方洪庵
□32. 適塾
□33. 洋学
□34. 三浦梅園
□35. 尚歯会
□36. 渡辺崋山

□37. 慎機論
□38. シーボルト
□39. 高野長英
□40. 戊戌夢物語
□41. 佐久間象山
□42. 和魂洋才
□43. 東洋道徳、西洋芸術

3 幕末の思想

□44. 水戸学
□45. 大義名分論
□46. 尊王攘夷論
□47. 会沢正志斎
□48. 横井小楠
□49. 吉田松陰
□50. 松下村塾
□51. 一君万民論

17 Speed Check!
近代日本の思想

1 啓蒙思想と伝統思想

□ 1. 森有礼
□ 2. 明六社
□ 3. 中村正直
□ 4. 西周
□ 5. 福沢諭吉
□ 6. 学問のすゝめ
□ 7. 天賦人権論
□ 8. 実学
□ 9. 数理学
□10. 一身独立
□11. 文明論之概略
□12. 脱亜論
□13. 自由民権運動
□14. 民約訳解
□15. 中江兆民
□16. 三酔人経綸問答
□17. 恩賜的民権
□18. 恢復的民権
□19. 植木枝盛
□20. 東洋大日本国国憲按
□21. 欧化政策
□22. 国粋主義
□23. 岡倉天心
□24. 西村茂樹
□25. 教育勅語
□26. 三宅雪嶺
□27. 陸羯南
□28. 徳富蘇峰
□29. 平民主義
□30. 国家主義
□31. 北一輝
□32. 超国家主義

2 日本キリスト教と大正デモクラシー

□33. 内村鑑三
□34. 不敬事件
□35. 足尾銅山鉱毒事件
□36. 非戦論
□37. 二つのＪ
□38. 無教会主義
□39. 新渡戸稲造
□40. 武士道
□41. 新島襄
□42. 植村正久
□43. 片山潜
□44. 安部磯雄
□45. 平民新聞
□46. 大逆事件
□47. 幸徳秋水
□48. 大正デモクラシー
□49. 民本主義
□50. 吉野作造
□51. 天皇機関説
□52. 美濃部達吉
□53. 全国水平社
□54. 景山(福田)英子
□55. 青鞜
□56. 平塚らいてう

3 文学運動と独創的思想家たち

□57. 外発的開化
□58. 夏目漱石
□59. 自己本位
□60. 則天去私
□61. 森鷗外
□62. 諦念(レジグナチオン)
□63. 西田幾多郎
□64. 主客未分
□65. 純粋経験
□66. 和辻哲郎
□67. 間柄的存在
□68. 常民
□69. 柳田国男
□70. 民俗学(新国学)
□71. 柳宗悦

18 Speed Check!
生命と環境

1 生命倫理

□ 1. 自己決定権
□ 2. 生命倫理学(バイオエシックス)
□ 3. インフォームド・コンセント
□ 4. 生命の尊厳
□ 5. QOL
□ 6. 体外受精
□ 7. 代理出産
□ 8. 出生前診断
□ 9. ヒトゲノム
□10. 遺伝子治療
□11. クローン技術
□12. 再生医療
□13. ES 細胞(胚性幹細胞)
□14. iPS 細胞(人工多能性幹細胞)
□15. 臓器移植
□16. リヴィング・ウィル
□17. 尊厳死
□18. 安楽死
□19. 終末期(末期)医療
□20. ホスピス

2 環境倫理

□21. 生態系
□22. 生物種
□23. 食物連鎖
□24. 枯渇
□25. 廃棄物
□26. 酸性雨
□27. フロン
□28. オゾン層
□29. 温室効果
□30. 地球温暖化
□31. 砂漠化
□32. 焼畑
□33. 宇宙船地球号
□34. レイチェル＝カーソン
□35. 沈黙の春
□36. レオポルド
□37. ハーディン
□38. 共有地の悲劇
□39. ラムサール条約
□40. かけがえのない地球

□41. 国連人間環境会議
□42. 持続可能な開発
□43. 地球サミット(国連環境開発会議)
□44. 気候変動枠組条約
□45. 生物多様性条約
□46. 京都議定書
□47. SDGs
□48. 環境倫理
□49. 世代間倫理
□50. 地球規模
□51. 足元

19 Speed Check! ✓

家族・地域社会と情報社会

① 家族と地域社会

□ 1. 核家族
□ 2. 家族機能の外部化
□ 3. フェミニズム
□ 4. ジェンダー
□ 5. 男女雇用機会均等法
□ 6. 男女共同参画社会基本法
□ 7. 育児・介護休業法
□ 8. 合計特殊出生率
□ 9. 少子化
□10. 超高齢社会
□11. 福祉
□12. 介護
□13. ギリガン
□14. ケアの倫理
□15. 介護保険制度
□16. 地域社会(コミュニティ)
□17. 多様性(ダイバーシティ)
□18. ノーマライゼーション
□19. 地域共生社会
□20. 障害者権利条約
□21. 障害者基本法
□22. ボランティア
□23. 阪神・淡路大震災
□24. 東日本大震災

② 情報社会

□25. 情報通信技術
□26. スマートフォン
□27. Society5.0
□28. インターネット
□29. 双方向性
□30. SNS
□31. AI
□32. ビッグデータ
□33. ディープラーニング(深層学習)
□34. 特異点(シンギュラリティ)
□35. マスメディア
□36. フェイクニュース
□37. デジタル・デバイド
□38. 匿名性
□39. プライバシー
□40. コンピュータ・ウィルス
□41. サイバー犯罪
□42. 管理社会
□43. リップマン
□44. 著作権
□45. 知的財産権
□46. 情報リテラシー
□47. 批判的思考力(クリティカル・シンキング)
□48. 個人情報保護法

20 Speed Check! ✓

異文化理解と人類の福祉

① グローバル化と多文化共生

□ 1. グローバル化
□ 2. カルチャーショック
□ 3. 文化摩擦
□ 4. 異文化理解
□ 5. エスノセントリズム(自民族中心主義)
□ 6. サイード
□ 7. オリエンタリズム
□ 8. 文化相対主義
□ 9. アイヌ
□10. 同化主義
□11. 多文化主義(マルチカルチュラリズム)

② 国際平和と人類の福祉

□12. 世界人権宣言
□13. 子どもの権利条約
□14. ファシズム
□15. ナチス
□16. アウシュヴィッツ強制収容所
□17. 原子爆弾(原爆)
□18. 同時多発テロ
□19. ラッセル
□20. ヴァイツゼッカー
□21. 荒れ野の40年
□22. 核拡散防止条約(NPT)
□23. 核兵器禁止条約
□24. 政府開発援助
□25. フェアトレード
□26. セン
□27. ケイパビリティ(潜在能力)
□28. 人間の安全保障
□29. ユニセフ
□30. 人種差別撤廃条約
□31. 難民
□32. 国連難民高等弁務官事務所(UNHCR)
□33. ユネスコ
□34. 戦争
□35. NPO
□36. NGO
□37. 国境なき医師団

1 Attack! ✓

人間と自然

□ 1. ピュシス
□ 2. 人間性
□ 3. コスモス
□ 4. 自然哲学
□ 5. 道(タオ)
□ 6. 無為自然
□ 7. 万物斉同
□ 8. 逍遙遊
□ 9. 風土
□10. モンスーン
□11. 安藤昌益
□12. 万人直耕
□13. 自然世
□14. 万有引力
□15. 物心(心身)二元論
□16. 機械論的自然観
□17. 自然法
□18. 自然状態
□19. 自然権
□20. ベーコン
□21. 共生
□22. 生態系(エコシステム)
□23. レイチェル=カーソン

2 Attack! ✓
価値と道徳

- □ 1. 善く生きること
- □ 2. フランクル
- □ 3. アレテー
- □ 4. 君子
- □ 5. 四端
- □ 6. 知恵
- □ 7. 哲人政治
- □ 8. 朱子(朱熹)
- □ 9. 理気
- □10. 上下定分の理
- □11. 孝
- □12. 誠
- □13. 荻生徂徠
- □14. アウグスティヌス
- □15. ルサンチマン(怨念)
- □16. 奴隷道徳
- □17. 人格
- □18. 定言命法
- □19. 絶対精神
- □20. 法
- □21. 人倫
- □22. ベンサム
- □23. 制裁(サンクション)
- □24. J. S. ミル

3 Attack! ✓
個人と社会・自己と他者

- □ 1. 個性化
- □ 2. 社会化
- □ 3. アイデンティティ
- □ 4. 発達課題
- □ 5. ポリス
- □ 6. フィリア
- □ 7. 正義
- □ 8. 譲渡
- □ 9. 信託(委託)
- □10. マルクス
- □11. 労働の疎外
- □12. ひと(ダス・マン)
- □13. 社会参加(アンガージュマン)
- □14. 責任
- □15. レヴィナス
- □16. 顔
- □17. 全体性と無限
- □18. 外発的開化
- □19. 自己本位
- □20. 則天去私
- □21. 和辻哲郎
- □22. 間柄的存在

4 Attack! ✓
幸福と理想社会

- □ 1. 快楽主義
- □ 2. エピクロス
- □ 3. アタラクシア
- □ 4. 隠れて生きよ
- □ 5. 教父
- □ 6. 神の国
- □ 7. 道徳性
- □ 8. 功利
- □ 9. 黄金律
- □10. 国家
- □11. 哲人政治
- □12. 最高善
- □13. 観想(テオーリア)
- □14. 無為
- □15. 小国寡民
- □16. トマス = モア
- □17. ユートピア
- □18. 知は力なり
- □19. ニュー・アトランティス(新大陸)
- □20. 一般意志
- □21. ルソー
- □22. 阿弥陀仏

5 Attack! ✓
理性と感情

- □ 1. ロゴス
- □ 2. アパテイア
- □ 3. 気概
- □ 4. 知恵(ソフィア)
- □ 5. 思慮(フロネーシス)
- □ 6. 中道
- □ 7. 正見
- □ 8. 正思
- □ 9. 考える葦
- □10. 幾何学的精神
- □11. 繊細の精神
- □12. 良識(ボン・サンス)
- □13. 情念
- □14. 自然法
- □15. グロティウス
- □16. 啓蒙思想
- □17. ヴォルテール
- □18. 百科全書
- □19. 理論
- □20. 実践
- □21. 自由
- □22. 絶対精神
- □23. ホルクハイマー
- □24. フランクフルト
- □25. 道具的理性
- □26. フーコー
- □27. 狂気

6 Attack! ✓
学問と教育

- □ 1. 生きがい
- □ 2. 生涯学習
- □ 3. 魂への配慮
- □ 4. 助産術
- □ 5. アカデメイア
- □ 6. スコラ哲学
- □ 7. トマス = アクィナス
- □ 8. 帰納法
- □ 9. 演繹法
- □10. デューイ
- □11. 創造的知性
- □12. 延暦寺
- □13. 山家学生式
- □14. 藤原惺窩
- □15. 上下定分の理
- □16. 石田梅岩
- □17. 懐徳堂
- □18. 漢意
- □19. 真心

7 Attack! ✓
戦争と平和

- □ 1. 兼愛
- □ 2. 非攻
- □ 3. 老子
- □ 4. 柔弱謙下
- □ 5. マキャヴェリ
- □ 6. 君主論
- □ 7. 戦争と平和の法
- □ 8. 万人の万人に対する闘争

□9. リヴァイアサン
□10. 目的の王国
□11. 永遠平和のために
□12. レーニン
□13. ロシア革命
□14. アヒンサー
□15. 非暴力
□16. ラッセル
□17. ヴァイツゼッカー
□18. 山鹿素行
□19. 士道
□20. 不敬事件
□21. 内村鑑三
□22. 足尾銅山鉱毒
□23. 非戦論
□24. 平塚らいてう
□25. 幸徳秋水
□26. 大逆事件

8 Attack! ✓
正義と権利・自由と平等
□1. 配分的正義
□2. 調整的正義
□3. ムスリム
□4. シャリーア
□5. 一切衆生
□6. 慈悲
□7. 万人司祭説
□8. 王権神授説
□9. 社会契約論
□10. 一般意志
□11. 道徳法則
□12. 人格
□13. 実存
□14. 責任
□15. 自由の刑
□16. ロールズ
□17. 正義論
□18. 只管打坐
□19. 身心脱落
□20. 道元
□21. 恩賜的民権
□22. 恢復的民権
□23. 匿名性
□24. プライバシー

9 Attack! ✓
信仰と救い
□1. ミュトス
□2. ヘシオドス
□3. 創世記
□4. 礼拝
□5. 念仏
□6. 唱題
□7. アッラー
□8. 信仰告白
□9. 十戒
□10. 律法
□11. 六信
□12. 六波羅蜜
□13. 五戒
□14. 上座部仏教
□15. 浄土
□16. 贖罪
□17. 悪人正機
□18. 恩寵
□19. 弥陀の本願
□20. 隣人愛
□21. 菩薩
□22. 神の国
□23. 来世
□24. 聖徳太子(厩戸王)
□25. 梵我一如
□26. マザー＝テレサ

10 Attack! ✓
生命と死
□1. ピタゴラス
□2. イデア(英知)
□3. パウロ
□4. アダム
□5. イエス
□6. 業(カルマ)
□7. 輪廻転生
□8. 孔子
□9. 道
□10. 神は死んだ
□11. 永劫回帰
□12. ニヒリズム
□13. 限界状況
□14. ハイデッガー
□15. 死への存在
□16. 穢れ
□17. 禊
□18. 黄泉国
□19. 成仏
□20. 往生
□21. 生命倫理学(バイオエシックス)
□22. インフォームド・コンセント
□23. リヴィング・ウィル
□24. QOL
□25. ホスピス

11 Attack! ✓
親・子・家族
□1. 孝
□2. 悌
□3. ソクラテスの弁明
□4. ソフィスト
□5. ヨハネ(洗礼者ヨハネ)
□6. マリア
□7. 苦行
□8. 縁起
□9. エミール
□10. 自然に帰れ
□11. 家族
□12. 欲望の体系
□13. オーウェン
□14. フーリエ
□15. 核家族
□16. 少子化
□17. ジェンダー
□18. 男女雇用機会均等法
□19. 高齢社会
□20. 介護保険
□21. ノーマライゼーション
□22. バリアフリー

20日完成
スピードマスター倫理問題集　解答

2024年2月　初版発行

編　者　矢野　優
発行者　野澤　武史
印刷所　株式会社　明祥
製本所　有限会社　穴口製本所
発行所　株式会社　山川出版社
〒101-0047　東京都千代田区内神田1-13-13
電話　03-3293-8131(営業)　03-3293-8135(編集)
https://www.yamakawa.co.jp/

本文デザイン　バナナグローブスタジオ

ISBN978-4-634-05229-1　NYZN0101